LES DEUX VILLES

DE TENEZ

ET

BOU-MAZA

VERSAILLES. — IMPRIMERIE CERF, RUE DU PLESSIS, 59.

LES

DEUX VILLES DE TENEZ

ET BOU-MAZA

PAR

M. Jh.-P.-L. BÉRARD

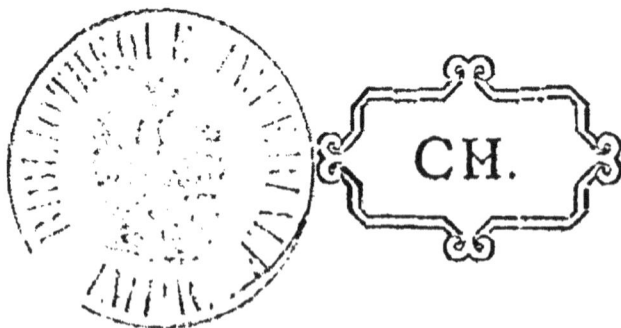

PARIS	ALGER
CHALLAMEL AINÉ	H. BASTIDE
LIBRAIRE-COMMISSIONNAIRE	LIBRAIRE-ÉDITEUR
30, rue des Boulangers.	Place du Gouvernement.

CHEZ TOUS LES LIBRAIRES DE L'ALGÉRIE

1864

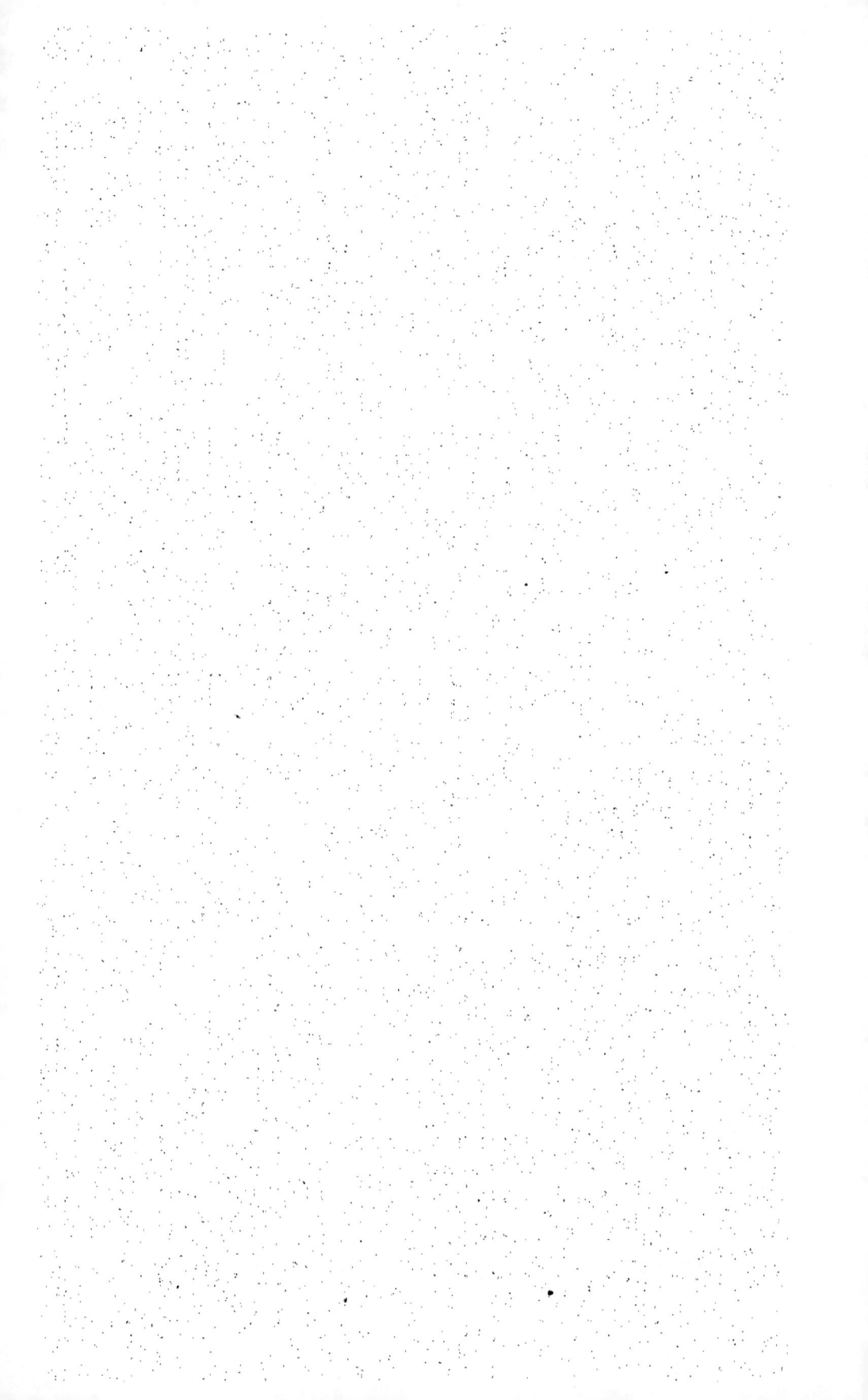

LES
DEUX VILLES DE TENEZ

et

BOU-MAZA

CHAPITRE PREMIER

Les commencements de Ténez.

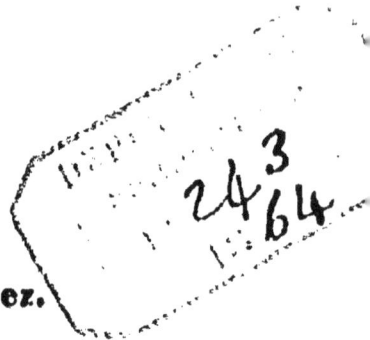

J'ai passé vingt ans de ma vie en Afrique, toujours dans le même pays. En racontant les faits les plus saillants qui m'ont passé sous les yeux pendant ce long séjour, durant lequel j'ai vu la formation d'une ville de commerce, et celle d'une colonie agricole, je crois pouvoir donner une idée générale de la création de nos établissements en Algérie; car si les détails varient, le fond en est le même partout, et, en parlant seulement des lieux que j'ai habités, je puis dire : *Ab uno disce omnes.*

1

En l'année 1843, je me trouvais ruiné par suite de l'insuccès d'une entreprise agricole, qui s'était trouvée au-dessus de mes forces, d'autant plus qu'elle avait été contrariée par deux débordements consécutifs du Rhône, en 1840 et 1841. Je me décidai à venir tenter la fortune en Algérie avec peu d'or dans ma bourse, et peu d'encouragements de la part des cultivateurs qui en revenaient. Je ne tardai pas à reconnaître qu'ils n'avaient pas tout à fait tort.

Il y en avait même, parmi ces cultivateurs désappointés, qui prétendaient que quelques-unes de ces concessions, qui semblaient données gratuitement, finissaient par coûter aussi cher que si elles avaient été vendues. J'avais de la peine à le croire, et je partis muni de quelques lettres de recommandation.

Après deux mois de séjour et de démarches à Alger, on m'annonça que j'avais obtenu une concession de soixante hectares, à choisir entre Blidah, Bouffaric, Douera et Coléah. Avant de faire mon choix je demandai et j'obtins l'autorisation de rentrer en France pour y aller chercher mon matériel d'agriculture, et tâcher en même temps d'emmener avec moi quelques cultivateurs.

Je ne pus m'en procurer que deux dans mon pays, tellement on y avait une grande frayeur des lions, des panthères et des bédouins. Il est vrai que les travailleurs trouvaient facilement à y gagner leur vie; ce qui est assez général en France, et ce qui explique comment on voit émigrer si peu de Français comparativement à ce qui arrive chez tant d'autres nations.

Je fus de retour à Alger vers la mi-novembre avec mes instruments d'agriculture et mon faible personnel; le tout transporté aux frais de l'Etat. J'y complétai mon attirail d'exploitation agricole, et je demandai à être mis en possession des soixante hectares, à moi accordés sur le papier. Je trouvai tant de difficultés à les avoir réellement sur le terrain, que j'y renonçai, sans attendre comme tant d'autres que je n'eusse plus le sou pour les cultiver, quand enfin je pourrais y mettre les pieds. Sans m'expliquer davantage je dirai que, dans la crainte même de m'être fait quelque ennemi puissant par suite de mon ignorance dans ces sortes d'affaires, je me décidai à transporter loin d'Alger, mes bêtes de labour, mes deux valets de charrue, et ma bonne volonté.

Lors de mon premier voyage en Algérie, j'avais fait une courte visite au plateau de Ténez, dont venait de prendre possession une colonne conduite par l'illustre maréchal Bugeaud. J'y avais fait connaissance de civils, qui avaient l'intention de s'y établir en y exerçant leur industrie, de maçons et de menuisiers principalement; ils me croyaient plus d'argent que je

n'en avais; ils m'y appelaient; c'est là que je me
rendis.

J'y arrivai le 14 janvier 1844, ayant eu le passage
gratuit sur un bateau de l'État pour moi et les miens
donné par l'illustre maréchal. Hélas! il en fut là
comme ailleurs; j'y perdis encore une partie de mes
faibles ressources, pour attendre de découvrir un
terrain qui fût assez solide pour ne pas être englouti
par la mauvaise foi de quelque indigène qui me
l'aurait vendu sans qu'il fût à lui; quant à demander un terrain à l'administration, mon expérience
d'Alger m'avait déjà appris à craindre les longs re-
tards.

J'en pris mon parti. Je renonçai à l'agriculture
jusqu'à ce qu'il se présentât des circonstances plus
favorables. Je me livrai à une autre industrie qui
n'exigeait ni de grands capitaux, ni une grande ca-
pacité, inconnue encore dans la localité où je me
trouvais. Cette industrie consistait à vendre du papier, des plumes, de l'encre, même des livres, à ou-
vrir un cabinet de lecture, et de cultivateur me voilà
devenu libraire.

Je n'accuse personne de mes déceptions dans mes
premiers projets. Il paraît que je n'ai pas beaucoup
d'initiative, il faut en Algérie plus de hardiesse et
d'adresse que je n'en avais apporté. Les différents
petits emplois ou fonctions que j'y ai exercés depuis

m'ont été donnés sans que je les ai demandés, ni même pensé à les demander, tandis que je n'y ai point obtenu ceux que je désirais. Un fonctionnaire public qui m'a témoigné quelque bienveillance, et à qui je faisais part de mes plaintes à ce sujet, m'en a donné une certaine raison dont je dois reconnaître la justesse : c'est que j'arrive toujours trente-six heures après la bataille.

La bataille des faveurs, bien entendu !

Dès qu'on forma la milice, on voulut m'y comprendre comme officier, faveur que je refusai. Ce refus n'empêcha pas le commandant de la place, lors de la première alerte que nous eûmes en avril 1845, de me donner le commandement d'une cinquantaine d'hommes de toutes les nations, qui n'étaient pas inscrits sur les contrôles de la milice organisée.

Comment dépeindre le trouble que cette alerte jeta dans notre petite ville naissante! Les femmes ne furent pas seules à être effrayées, quoique je présume qu'elles furent seules à pousser des cris, et à avoir des attaques de nerfs. On trouva des hommes cachés à fond de cale dans quelques navires qui étaient en rade. Comment y étaient-ils parvenus? l'un d'eux à qui je demandai pourquoi il s'était caché, me répondit avec assurance que tout le monde n'est pas obligé d'avoir du courage.

Ce n'étaient pas des Français.

Heureusement cette alerte était une fausse alerte.

Je reviens à l'époque de mon débarquement. J'étais donc descendu le 14 janvier 1844 sur cette terre pour m'y établir définitivement. J'y trouvai déjà un grand changement quoiqu'il n'y eût que sept mois qu'on eût pris possession de l'emplacement de l'antique *Cartena*, pour y construire le nouveau Ténez. Ce plateau sur lequel, en mai 1843, j'avais trouvé la colonne campée, les militaires sous des tentes, et quelques civils derrière des planches, non couvertes encore, qui les mettaient imparfaitement à l'abri des terribles coups de vent de ces parages, ce plateau se trouvait maintenant une ville. C'était, il est vrai, une ville de planches; ce qui lui avait mérité le nom de *Plancheville;* mais les rues et les places en étaient parfaitement marquées et alignées. Il n'y avait plus qu'à changer en maisons les baraques qui les encadraient.

En mai 1843, on voyait les tentes au milieu des orges et des fèves dont le plateau était couvert lors de notre arrivée. En janvier 1844, les débris de ces planches avaient même disparu. Il n'y restait plus que les ruines de l'antique Cartena : des restes de murailles, quelques colonnes, des restes de mosaïque, et surtout une infinité de pierres tumulaires dont un certain nombre était parfaitement conservé.

Ces pierres se trouvaient à la partie sud-ouest du plateau. C'est là qu'avait été sans aucun doute le cimetière romain. Il devait faire suite à la ville dont il n'était séparé que par un très petit espace. Ces pierres ont été employées par nos maçons à la construction de nos maisons, sans égard à leurs inscriptions et à leur premier usage. Bien peu ont été conservées ; cependant on peut en voir deux encore portant le D. M., et le reste de l'inscription. Elles sont tout à fait intactes, et ornent la façade de la maison de Teisseire, rue d'Orléansville, assez hautes pour être hors de portée des dégradations, et pas assez pour ne pouvoir être lues. Monsieur le colonel Lapasset en fait mention dans son ouvrage sur les antiquités de la subdivision d'Orléansville. Quel qu'en puissent penser les gens superstitieux, je ne crois pas que ce soit cette pierre consacrée aux Dieux Manes qui ait porté malheur à M. Teisseire. Ce brave homme avait près de soixante-dix ans quand il est mort.

A mesure qu'on bâtissait, l'on trouvait en creusant les fondations, des excavations en carré ou en rectangle, ayant des murs qui les soutenaient et une voûte ; le tout fort bien conservé et tellement dur que ce n'était qu'à grand'peine qu'on parvenait à en entamer les voûtes avec la pioche. C'étaient ou des citernes destinées à conserver les eaux pluviales pour les temps de sécheresse, lorsque la rivière de l'Oued-Allalah est à sec, ou des silos pour y remiser les grains de la récolte. On peut toujours dire néan-moins que c'étaient des ouvrages romains. Quelques-unes sont comblées maintenant ; d'autres servent de caves ; mais en 1843, et même en 1844, elles ser-vaient de prison, et on entendait dire : deux Arabes, trois Arabes, dix Arabes ont été mis au silos. Quel-quefois même on en disait autant des Européens.

Une grande activité se fesait remarquer dans la ville lorsque j'y arrivai : il y avait des boulangers tout à fait établis, des fours à chaux, des carrières en pleine exploitation, une foule de manœuvres, des troupeaux d'ânes du pays servant aux transports, enfin beaucoup de marchands, d'artisans, d'indus-triels de tous genres, venus de tous les côtés. On assure qu'il y a eu à Ténez dans ces premières années jusqu'à deux mille huit cents âmes de popu-lation civile, ce dont je doute fort. La ville se cons-truisait rapidement à l'aide du numéraire qu'y ver-sait sa nombreuse garnison. Quelques marchands, je pourrais dire presque tous, y firent de belles affaires à cette époque.

J'en ai connu trois, réunis en société qui, à eux trois, n'avaient pu former qu'un fonds social de trois cents francs, et qui ont fini par fonder une grande maison de commerce ; ils avaient commencé par acheter une bordelaise de vin (200 litres), qui leur coûta soixante-quinze francs. Leurs dépenses étaient peu de chose : ils faisaient leur commerce en plein air. Chaque jour ils se défaisaient de leur marchandise qui, vendue en détail, leur donnait un bénéfice de cent pour cent. On conçoit qu'ils réalisèrent bientôt une somme assez considérable pour faire peu à peu un commerce plus varié. Au bout de quatre ans, autant qu'il m'en souvient, l'un des trois associés voulut retourner à Marseille, son pays natal, et reçut pour sa part cinquante mille francs ; les deux autres ont formé, toujours en société, des établissements commerciaux à Ténez et à Orléansville, où leur réputation de probité n'a jamais souffert d'atteinte.

Mais cette activité dorée de Ténez ne pouvait pas toujours durer. D'autres marchands ou commerçants, après avoir gagné beaucoup d'argent dans ces temps de prospérité, et l'avoir dépensé, soit en bâtisses, soit autrement, ont été surpris par des temps moins heureux qu'ils n'avaient pas su prévoir, et ont senti la lourde main de l'adversité s'appesantir sur eux.

Je m'étais trouvé heureux de me voir de nouveau au milieu de l'armée. Aussi, malgré mes cheveux gris, c'était avec plaisir que j'entendais le son des tambours et celui des clairons, quoique à celui-ci j'eusse préféré celui des fifres qui, de mon temps,

1.

jouaient des airs auxquels les tambours servaient d'accompagnement. L'uniforme, les armes, les exercices militaires, la diane qui nous avertissait qu'il était temps de se lever, la retraite qui nous annonçait l'heure du repos, choses auxquelles j'avais été accoutumé dans ma première jeunesse, me rajeunissaient. Tout le monde paraissait content : les civils gagnaient de l'argent ; beaucoup d'officiers et même de soldats se procuraient le plaisir de la chasse, quoique dans un genre différent. Les environs, couverts de broussailles, et même de bois, remisaient une grande quantité de perdrix, de lièvres et de lapins. Les officiers leur faisaient une guerre fructueuse. J'ai même goûté de la chair de panthère.

Quant aux soldats, leur gibier était d'une autre espèce. En 1843, pendant les quelques jours que j'y avais passés j'avais vu, pendus en dehors de plusieurs tentes, de magnifiques rats presque aussi gros que des lapins, et très gras. Ayant demandé à quoi ces animaux pouvaient servir, on m'avait répondu que c'était à être cuits et mangés. Les soldats en étaient friands ; ils leur trouvaient un goût mi-lapin et poulet. Il y en avait alors une grande quantité, et ils purent s'en régaler pendant quelque temps ; j'en vis prendre un jour dix-sept dans le même trou. C'était toute une tribu.

Leur manière de faire cette chasse était fort simple.

Ils versaient de l'eau dans le trou qui les recélait, et les forçaient ainsi à en sortir. Ils étaient aussitôt saisis et mis à mort.

Les perdrix apportées par les Arabes étaient vendues quinze centimes pièce dans ces premiers temps. Elles sont devenues depuis plus rares et plus chères. En fait de commerce, les Arabes savent s'élever bientôt au rang des plus subtils.

Peut-être ceux qui gagnèrent le plus à notre occupation du pays furent les Maures du vieux Ténez. Ce Ténez là avait été anciennement, nous dit-on, la capitale d'un royaume Arabe du même nom. Plusieurs prétendent que c'était un pays de sorciers; que c'est de ce pays qu'étaient venus ces magiciens qui, devant un Pharaon, luttèrent en sortiléges contre le magicien du Peuple-Dieu, lequel resta vainqueur, surtout en fesant paraître un gros serpent qui mangea ceux de ses adversaires. Je n'ai pas jugé à propos d'approfondir cette légende. Ce qui est bien certain, c'est que, même en ces temps modernes, il se trouve à Ténez des *Aïssaouas,* ou mangeurs de serpents, et faiseurs de sortiléges très renommés.

Mais si cette ville a été autrefois la capitale d'un royaume, elle avait bien perdu plus tard de son antique splendeur, et avait une assez triste renommée même sous les Turcs; car un saint marabout, *sidi*

Ahmed ben Jousef, qui a laissé des adages célèbres sur la plupart des localités de l'Algérie, a dit en parlant de Ténez:

Ténez.

Mebenni ala delès

El ma dem.

Ou Allah sidi Jousef ma jbat Tem. »

Ce qui veut dire :

« Ténez, bâtie sur du cuivre, ton eau est du sang, ton air est du poison ; par Dieu, sidi Jousef n'y passerait pas volontiers la nuit. »

Je m'arrête un peu ici dans ma narration pour faire observer qu'il ne faut pas prendre à la lettre les paroles de ce marabout rancunier. Il avait manqué, d'après la légende, d'être dans ce pays, victime d'un complot ne tendant à rien moins qu'à lui faire perdre la vie, et même à le rendre un objet de moquerie; ce qui était peut-être aussi grave pour un marabout en réputation.

Voici le fait : c'était un grand voyageur. Il se trouvait de visite à Ténez dont les habitants voulurent selon l'usage, lui faire honneur. En conséquence ils lui préparèrent un de ces festins que les Arabes appellent *diffa*; mais comme le marabout était riche, qu'il avait de beaux vêtements, des bijoux, et qu'on lui supposait une bourse bien garnie, ses hôtes avisés jugèrent qu'il valait autant que ces richesses restassent dans le pays que d'aller plus loin; que cependant avant d'envoyer leur possesseur dans le paradis des houris, il ne serait pas mal de diminuer la vénération qu'on avait pour lui en faisant mêler à sa chair la chair d'un animal immonde. A cet effet, ils lui préparèrent, assaisonné de couscoussou, un chat sous forme de lapin, ce qui arrive quelquefois, à ce qu'on prétend, dans certaines capitales d'Europe, *moins le couscoussou*.

Le marabout n'était pas facile à attraper; il ordonna au chat rôti de reprendre vie et vigueur, et de punir les mauvais plaisants. Aussitôt le chat s'élança du plat de couscoussou, leur déchira le visage, en sautant tantôt sur l'un, tantôt sur l'autre, et leur donna par là assez d'occupation pour que l'homme de Dieu pût avoir le temps de monter sur sa mule et de fuir.

Cependant ceux-ci finirent par se débarrasser du chat, et ces misérables, nullement arrêtés dans leur criminelle et sacrilège entreprise par la vue d'un pareil miracle, se mirent à la poursuite du saint personnage qu'ils voulaient dépouiller et tuer. Celui-ci fuyait; mais il fuyait sur une mule déjà fatiguée par les courses précédentes, et il était loin de la ménager dans celle-ci. Elle put arriver jusqu'à une côte qui est près de l'Oued-Bou-Allah; là elle succomba, et le marabout se vit à pied. Les Ténéziens allaient l'atteindre lorsqu'il fit élever un vent impétueux qui les renversa, et les empêcha d'aller plus avant. Par ce moyen il put arriver en lieu de sûreté.

On ne peut douter de ces faits dont l'authenticité est constatée par la côte même où périt la mule, et qui en a conservé le nom de *Montée de la Mule*. *(Agbet-El-Barel)*.

Pour en revenir à l'adage du Marabout, nous dirons qu'il n'est pas étonnant qu'après une pareille aventure il n'eût pas volontiers passé la nuit dans Ténez.

Mais, quoiqu'il soit vrai que Ténez est bâtie sur du cuivre et que l'eau n'est pas très-bonne, c'est trop montrer un esprit vindicatif que de dire qu'on y respire du poison. La preuve de cette grosse calomnie, c'est que moi qui en parle dans ce moment, j'ai passé près de vingt ans dans ce pays, le Ténez français, il est vrai, mais où les eaux sont les mêmes, où l'on respire le même air, situé à quelques centaines de pas du Ténez maure, et je n'y ai respiré ni bu aucune maladie. Beaucoup d'autres pourraient en dire autant. Ceux qui se plaignent de son climat, de son eau et de son air seraient plus près de la vérité s'ils se plaignaient de son absinthe.

Ténez est un pays sain.

Toutefois il est certain que lorsque nous en prîmes possession, ce n'était qu'un misérable village. Sa décadence et son peu d'importance ne nous dispensaient pas dans les premières années, jusqu'à la fin de la guerre du Dahra, de tenir un canon continuellement braqué contre lui. C'était une sorte d'avertissement, un : *tiens-toi en raison*, si je puis m'exprimer ainsi.

Tout déchoit en ce monde, et Ténez avait déchu malgré son commerce en céréales, son agriculture, et ses pirates assez renommés. Elle avait des voisins, surtout les Beni-Hidjas, qui aimaient mieux récolter ceux que d'autres avaient semé que de produire eux-mêmes. Leur tyrannie et leurs pillages avaient été tels que les plus riches de ses habitants, ou, pour mieux dire, ceux qui pouvaient le faire, avaient quitté le pays et s'étaient retirés ailleurs, principalement à Cherchell. Il n'était plus resté que les misérables. A notre arrivée ceux-ci commencèrent par nous apporter de l'eau, du bois, du gibier, servirent les maçons, s'occupèrent d'une foule de petites industries. — Il y avait vraiment du plaisir à voir des garçons de huit, dix, douze ans, montés sur de petits ânes du pays, nous apporter de l'eau dans deux vases, semblables à celui de Rébecca, placés à droite et à gauche, dans de petits paniers en sparterie. Il y en avait qui gagnaient jusqu'à dix francs par jour, somme énorme pour le pays. La tranquillité rétablie, grâce aux drapeaux français,

les Téneziens expatriés reparurent aussi, et bientôt
ce vieux Ténez prit un air d'aisance. On y voit même
quelques maisons construites à l'européenne appartenant à des indigènes.

Ainsi donc tout prospérait alors à Ténez et dans
ses environs. Quant à moi j'étais assez content de
mon sort. Après avoir acheté les articles de vente de
ma nouvelle profession et des livres de cabinet de
lecture, j'employai trois mille francs à l'achat d'une
petite maison qui en avait bien coûté six mille à ce·
lui qui l'avait fait construire. La première année
que je l'eus en possession, elle me rendit douze
cents francs de loyer, tant les loyers étaient chers à
l'époque où Ténez se bâtissait, mais ne pouvait être
bâti tout d'un coup. Il ne présentait encore qu'un
nombre insuffisant de maisons à la population qui
s'y trouvait. J'avais placé mon magasin et mon loge-
ment dans un quartier plus fréquenté où je payais
mille francs de loyer.

Pourtant je ne gagnais pas beaucoup d'argent,
mais comme d'un autre côté je n'en dépensais pas
beaucoup, je faisais quelques économies. Au bout
d'environ deux ans, quand Ténez eut été presque
tout construit, et n'eut plus besoin de tant d'ouvriers;
que la population, par suite, fut bien moindre, ma
maison se trouva sans locataires. Je pus y faire quelques améliorations, et je fus l'habiter.

Mais avant d'en venir là, avant même que je me fusse décidé à choisir une profession, lorsque j'espérais encore des terres à cultiver, avaient eu lieu quelques événements que je ne puis passer sous silence.

CHAPITRE II

Assassinats en 1844.

La tranquillité était telle la première année qu'on allait de Ténez à Orléansville avec aussi peu de précaution qu'on aurait pu le faire en France. On ne peut se faire une idée de la quiétude avec laquelle des individus isolés parcouraient les routes du pays, lorsqu'à des distances fort rapprochées se trouvaient des populations fanatiques, et avides de pillage, lesquelles, dans leur pauvreté, jetaient des regards de convoitise sur les richesses des Roumis.

Malheureusement cette tranquillité ne fut pas de longue durée. Le premier de ces événements qui auraient dû nous rendre plus prudents, fut l'assassinat de M. Chicot.

Ce négociant qui avait quitté la France depuis peu, n'entendant pas tirer dans les environs d'autres coups de fusil que ceux des chasseurs, s'imaginait sans doute être encore dans son paisible pays de la Charente-Inférieure.

Il était parti d'Orléansville accompagné d'un autre négociant de Ténez, et s'en revenait avec trois ou quatre mille francs, prix des marchandises qu'il y avait envoyées. Arrivé au tiers du chemin, au lieu dit *les cinq palmiers*, il s'arrêta dans une baraque que venait d'y construire un Français courageux, M. Macluzeau, destinée à servir de lieu de halte aux voyageurs. Là il en trouva plusieurs qui avaient pris le parti d'y coucher dans la crainte de ne pouvoir avant la nuit gagner Ténez, qui était encore à plus de trente kilomètres.

On l'engagea avec instance à faire comme les autres, et à ne continuer sa route que le lendemain ; qu'alors, en plein jour, et bien accompagné, il n'aurait rien à craindre. Il s'obstina à partir.

Le lendemain les autres voyageurs arrivèrent à Ténez, et demandèrent des nouvelles de l'imprudent.

On ne l'avait pas vu.

L'autorité militaire, la seule alors qu'il y eût dans le pays, fit faire des recherches, et, deux jours après, on trouva près du chemin son cadavre tout couvert de blessures ; mais son cheval, sa valise, ses armes avaient disparu.

C'était le premier assassinat qui se commettait dans cette localité, et qui devait faire présumer qu'une certaine agitation existait dans les tribus. On a remarqué que c'est alors que les voleurs et les assassins se montrent davantage, excités par les mouvements moraux, dirons-nous, qu'ils sentent autour d'eux. Ils savent qu'alors ils sont moins exposés à être trahis par leurs compatriotes qui les aideraient plutôt à dépouiller les infidèles s'ils pouvaient le faire sans danger. Alors aussi ils ont plus de facilité à se défaire des produits de leurs vols.

Aucune trace du crime ne pouvait mettre sur la voie de ceux qui l'avaient commis. Ils furent cependant découverts, et ce fut par les soins du bureau arabe.

Cette institution des bureaux arabes, qui a été fort critiquée dans le temps, a rendu les plus grands services. Ceux qui adoptaient cette partie de la carrière militaire étaient ordinairement des jeunes gens pleins d'ardeur, qui ne devaient pas être rebutés par l'étude d'une langue étrangère et difficile, ni par des relations avec des individus de toutes les classes d'un peuple si différent de nous par ses lois, ses mœurs, ses usages, sa religion, même par ses vertus et ses vices. Ils devaient s'occuper de l'étude topographique du pays qu'ils habitaient, science indispensable chez eux, qui étaient les guides de nos co-

lonnes. De plus ils devaient être animés d'une intrépidité hors ligne. Les soldats qui les accompagnaient
d'ordinaire, les *Mokrazenis*, ou cavaliers des bureaux arabes, étaient des hommes du pays même à
qui nous faisions la guerre, de manière que les officiers du bureau arabe, pour combattre les ennemis
qu'ils avaient devant eux, étaient entourés des coreligionnaires et des compatriotes de ces mêmes ennemis. A toutes ces qualités il fallait joindre de l'a-
dresse.

Le chef du bureau arabe de Ténez était alors
M. Béatrix, jeune lieutenant d'artillerie, qui réu-
nissait ces différentes qualités. Il avait fait arrêter
et jeter, après l'assassinat, dans un des silos de
Ténez qui servait de prison, plusieurs individus
mal famés des tribus voisines, sans qu'aucun indice
pût indiquer les coupables. En désespoir de cause,
il se trouva obligé de nouer des relations avec l'un
des plus grands bandits du cercle.

C'était un certain *Abd-el-Kader-Ben-Ahmed*,
homme de près de six pieds de haut, d'une force
proportionnée à sa taille, très-taciturne et très-
adroit, comme on va le voir. Il habitait de père en
fils, de temps immémorial, un gourbi en terre situé
sur le penchant d'un ravin qui se trouve à trois
quarts d'heure environ de Ténez, vers l'endroit où
a été établie plus tard la smala des Mokrazenis. Ce

lieu était bien choisi pour un voleur de profession.

M. Béatrix le fit venir, et l'interrogea sur les assassins de M. Chicot. Le brigand ne répondait que
par des *hum! hum!* Enfin, assuré d'une bonne récompense s'il parvenait à les faire connaître, il dit
au lieutenant : « Il faut que tu me fasses donner
cent coups de bâton, et que tu me fasses jeter dans
le silos où sont les gens que tu as fait arrêter. —
Mais, dit le lieutenant, quand tu auras reçu cent
coups de bâton, tu ne pourras plus être d'une
grande utilité. — Si fait! Seulement, recommande à
ton *chaoux* de tenir mon burnous un peu tendu pour
amortir les coups. »

Cela fut ainsi fait. Cet homme fut transporté dans
le silos, martyrisé en *apparence,* portant toutefois
sur son dos de bonnes marques des coups qu'il avait
reçus.

Il parut d'abord accablé. Peu à peu il revint à
lui, et sa fureur paraissant s'éveiller à mesure qu'il
reprenait ses sens, il se mit à vomir mille injures
contre ces chiens de chrétiens qui l'avaient puni pour
un crime qu'il n'avait pas commis. Il ne demandait, disait-il, qu'à sortir, qu'à reprendre sa liberté
pour en tuer un, deux, dix, autant qu'il pourrait.
Il resta plusieurs jours dans le silos, toujours plus
exalté dans ses projets de vengeance. Une grande
confiance s'était établie entre lui et ses co-détenus,

tous honnêtes gens de sa trempe. Il racontait des exploits de grand chemin, et chacun racontait les siens. Quand il pensa que le moment était venu de donner une fin à sa comédie, il le dit au lieutenant dans une de ces sorties qu'on lui faisait faire sous prétexte d'interrogatoire, et l'engagea à faire placer autour du silos, sans bruit, des gens qui entendraient ce qui s'y dirait.

Chacun de ses nouveaux ou anciens amis s'exaltait à raconter ses belles actions de courage et d'adresse ; chacun voulait dans ses récits l'emporter sur les autres, et c'est ainsi que fut racontée la mort de M. Chicot par ceux mêmes qui l'avaient frappé. Tous les détails de l'événement étaient écrits, à mesure qu'ils étaient dits, par ceux qui avaient été placés à cet effet près de l'ouverture du silos. Les coupables, convaincus par leurs propres aveux, furent fusillés dans leur tribu, celle des *Ileumis*, située entre Ténez et Orléansville.

Cet Abd-el-Kader-Ben-Ahmed a depuis fidèlement servi les Français qui le payaient bien, mais non pas sans danger pour ceux qui l'employaient. Le trait que nous allons raconter donnera une idée des dangers auxquels ces gens-là pouvaient exposer leurs officiers en dehors d'une trahison à craindre, et des dangers ordinaires de la guerre.

On était dans les montagnes des Beni-Ilidjas, près

des limites qui séparent de ce côté le cercle de Ténez de celui de Cherchell. On cherchait à soumettre toutes ces tribus qui sont entre le Chétif et la mer, que les agents de Bou-Maza avaient soulevées, et dont il cherchait à entretenir la révolte. Tout à coup la paix du bivouac fut troublée par les cris et le bruit que faisaient les Mokrazenis du bureau arabe. Ils avaient saisi un de ces chérifs agitateurs, renommé dans le pays, lequel, venu pour espionner le camp, et s'assurer de la force de la colonne, s'était trop avancé. On l'interrogea pour en tirer le plus de renseignements possibles.

Le lendemain, placé entre quelques yatagans il suivit, non volontairement, la colonne qui fit une razia sur les Sinfitas, et les soumit. Dans la marche du retour, le colonel de l'Admirault, qui commandait la colonne, s'adressant au chef du bureau arabe, le capitaine d'état-major Lapasset, successeur du lieutenant Beatrix, précédemment tué, lui dit : — Cet homme-là est un homme dangereux. Qu'il vienne à s'échapper, et il va dire que c'est l'ange de Dieu qui l'a pris par la main. Il va rallumer le fanatisme de ces malheureux. Y tenez-vous beaucoup ? — Pas le moins du monde, mon colonel. Comme agitateur et comme espion il a mérité la mort. Il vaut mieux qu'il périsse que d'être la cause d'un nouvel incendie. Alors il se retourna vers Abd-el-Kader Ben-

Ahmed qui se tenait à portée, et lui fit de la main le signe d'en finir avec le prisonnier. Ben-Ahmed, cet homme accoutumé à tout, pâlit au grand étonnement du capitaine. Cependant il arrangea avec soin la pierre de son fusil, y passa l'ongle pour qu'elle frappât sur le plat du bassinet par toute la ligne de son taillant, prit enfin toutes sortes de précautions pour que le coup ne manquât pas, et tira; l'espion tomba mort. Au même instant Ben-Ahmed se jetait à genoux en levant les mains au ciel.

« Qu'as-tu donc, lui dit le capitaine? — Ce que j'ai: on disait cet homme invulnérable, et je craignais que la balle ne pût rien sur lui. — Bah! si tu ne l'avais pas tué de ton premier coup de fusil, tu l'aurais tué du second. — Si je ne l'avais pas tué du premier coup, dit le superstitieux brigand, je t'aurais tué, toi. »

Le capitaine en rit d'abord.

Je présume que plus tard, en y pensant mieux, s'il en rit encore, ce ne dût être que du bout des lèvres.

Pour en revenir aux tentatives d'assassinats effectuées, ou manquées, sur ces imprudents qui s'exposaient avec tant d'insouciance dans un pareil pays; moi-même qui viens de blâmer les imprudences des autres, qui avais compté les nombreuses blessures

du cadavre du malheureux Chicot, ai-je été plus prudent? Ce n'est qu'à mon heureuse étoile que je dus
de ne pas succomber à l'attaque de quelques bandits sur la même route.

Je raconterai le fait qui contribue à faire connaître le pays et la situation.

Après l'assassinat de Chicot, on avait défendu de
voyager autrement qu'en nombre, et on donna des
fusils aux charretiers qui en étaient dépourvus.
Ceux-ci étaient en grand nombre pour l'approvision-
nement d'Orléansville. La plupart de ces hommes
voyagaient armés seulement de leur fouet. Ce n'était
pas une arme suffisante contre le long fusil kabyle,
ou même le yatagan arabe. J'avais envie de voir le
chef-lieu de la subdivision où je me proposais, d'ailleurs, d'acheter un ou deux chevaux qu'on y disait à
bon marché.

Je partis donc avec ma charrette, conduite par un
de mes jeunes gens, et en compagnie d'une douzaine
d'autres voituriers qui portaient diverses marchandises. Là, je pus commencer à juger de la prévoyance
de mes compagnons de route. Ces fusils qu'on leur
avait donnés pour leur défense contre des attaques
qui auraient pu être subites, furent par eux attachés
sous l'échelle de leurs charrettes, et assez soigneuse-
ment pour faire juger qu'ils ne voulaient pas les
perdre.

Bien mieux encore : le soir, la petite caravane, qui n'avait pu ce jour-là aller jusqu'aux cinq palmiers, fut obligée de s'arrêter à moitié chemin d'Orléansville; on plaça les voitures à la file les unes des autres dans un champ à côté de la route, et, après le repas, ces braves charretiers s'endormirent tranquillement, chacun sous sa charrette, sans même détacher leurs fusils ; c'est ainsi qu'ils agissaient ordinairement. Aussi des attelages étaient volés de temps en temps, et leur donnaient un beau prétexte pour crier contre ces voleurs d'Arabes, et contre le peu de soucis qu'avaient des civils les chefs militaires qui n'empêchaient pas de pareils méfaits. On aurait pu nous couper la gorge à tous avec ces petits couteaux qui coupent si bien, et dont tout Arabe est porteur. On sait par expérience qu'ils le manient avec dextérité.

Pour cette fois, en ma qualité d'ancien sous-lieutenant du premier empire, je leur proposai de poser une sentinelle qu'on relèverait toutes les heures; ils haussèrent les épaules à cette proposition, je crus même m'apercevoir qu'elle ne leur inspirait pas une grande confiance en ma résolution guerrière. Sans me laisser influencer par leur opinion, ce fut moi seul, secondé par mon domestique, qui veillai cette nuit à la sûreté de tous.

Aucun accident n'eut lieu, je vis bien passer quelques troupes d'Arabes; mais ceux-là n'étaient pas à craindre : ils portaient sur des ânes des marchandises que leur avaient confiées des négociants pour les transporter à Orléansville; en pareil cas ils tiennent à remplir fidèlement leur mandat.

Le jour d'après, nous arrivâmes de bonne heure, chacun se défit de son chargement, et prépara son départ, excepté moi : je me proposais d'aller acheter des chevaux à un marché qui se tenait à quelques kilomètres de là.

J'en achetai un, et ne fus pas d'accord sur le prix pour un second, je revins trouver mon équipage au lieu où je l'avais laissé; cet emplacement était destiné à devenir une place de la nouvelle ville qui s'élevait. J'avais résolu d'abord d'attendre une nouvelle caravane pour m'en retourner avec elle, mais la perspective d'attendre plusieurs jours peut-être dans une ville que l'on bâtissait, et qui ne présentait encore aucun agrément, me parut si triste, que je me décidai à affronter les hasards de la route; sur le midi nous attelâmes.

Nous voilà donc en route, le voiturier à son cordeau, et moi sur la charrette, assis sur une pile de sacs vides, un grand manteau à la mode de l'empire sur les pieds pour les garantir du froid, et armé comme Mandrin, ayant un sabre au côté, deux pistolets à la ceinture, et entre les mains un fusil double appuyé sur mes genoux.

Nous avions cheminé pendant environ deux heures, lorsque le charretier me demanda si un groupe de cavaliers bien montés et bien vêtus, que nous voyions venir à notre rencontre, étaient des gendarmes maures, je lui répondis qu'il n'y en avait pas encore dans le pays, et nous continuâmes à avancer; je me tenais sur mes gardes, ignorant comment M. Chicot avait été surpris, et je fis bien, comme on va voir. Quand ces cavaliers furent à une cinquantaine de pas de nous, tout-à-coup ils s'élancèrent en avant au galop, le yatagan en main. Je pris la position de genou droit à terre pour être sûr de mon coup sur ma charrette. Le voiturier arrêta ses bêtes, et s'en fit un rempart, je mis en joue le premier de la bande sans tirer, ne leur voyant pas de fusil; ce temps d'arrêt ne fut pas long ; quand je vis celui que j'ajustais en tête de la bande n'avoir plus que deux ou trois sauts de son cheval à faire pour me toucher de son yatagan, je baissai la tête sur mon arme comme fait tout chasseur pour tirer, au même instant il fit faire un saut de côté à son cheval et les autres l'imitèrent, et ils passèrent par un champ sur ma droite comme un coup de vent ; je me jetai à terre à gauche, et me retournai vivement, je les vis alors qui reprenaient tranquillement le chemin en

remettant les yatagans dans leurs fourreaux. Sur le
moment, ne sachant s'ils avaient voulu plaisanter,
faire une *fantazia*, comme ils disent, ou si c'était
sérieusement, je leur criai de· ma plus forte voix :
bonjour, messieurs, bonjour. Alors le dernier de
tous qui était monté sur un cheval blanc, se retourna
et vint à moi au petit pas, les autres continuant leur
chemin, je crus reconnaitre le cheval que j'avais marchandé la veille, et le cavalier qui en avait demandé
trois cents francs. Roh ! roh ! lui dis-je, en mettant de
nouveau en joue, il ne se le fit pas répéter, et alla
rejoindre ses camarades.

Roh ! est un des premiers mots arabes que j'avais
appris, et qui veut dire énergiquement : *va-t-en.*

Je revins vers mon voiturier qui, au lieu de prendre son fusil, avait, par un instinct du métier, saisi
une de ses barres qui sont autour. — Pourquoi
n'avez-vous pas tiré, me dit-il? — Tu vois bien que
j'ai bien fait puisqu'il n'y a pas de mal ni d'un côté
ni de l'autre. — Comment, Monsieur, est-ce qu'ils
ne voulaient pas nous assassiner et nous voler? Celui
qui était sur le cheval blanc a passé, ce matin, deux
fois sur la place en regardant l'équipage, et le voilà
avec d'autres à notre rencontre, quand ils ont su
que nous partions, ils nous ont devancés sur la
route. —

Ce qu'il disait là me paraissait d'autant plus dans

le vrai que ces Arabes devaient penser que j'avais encore de l'argent, puisque j'avais marchandé le cheval de l'un d'eux.

Nous arrivâmes à la station dont j'ai déjà parlé, des cinq palmiers, où j'avertis en secret notre hôte de ce qui venait de nous arriver, et le lendemain nous entrâmes dans Ténez. Je me rendis tout de suite chez le commandant supérieur du cercle, Monsieur De Noue, alors chef de bataillon, aujourd'hui général; je le trouvai en compagnie du commandant de place, et du capitaine Dauvilliers qui remplaçait par intérim le commandant supérieur lorsque celui-ci était absent. Je leur racontai ce qui m'était arrivé, tous trois m'écoutèrent avec beaucoup d'attention, et, lorsqu'après avoir terminé mon récit, je dis au commandant supérieur que si ces Arabes n'avaient voulu faire qu'une plaisanterie, c'était une fort mauvaise plaisanterie qui avait manqué coûter la vie au moins à l'un d'eux; il me répondit que si je l'avais tué j'aurais bien fait.

Ces actes isolés, et d'autres qu'il est inutile de citer, indiquaient un certain frémissement dans l'intérieur des tribus, ils présageaient la tempête que l'apparition de *Bou-Maza* fit éclater.

CHAPITRE III

Bou-Maza.

Nous voici arrivés à la partie dramatique de
l'histoire de la ville de Ténez : c'est la guerre de l'insurrection du Dahra dont l'instigateur et le principal
personnage fut Bou-Maza, que nous venons de nom-
mer dans le chapitre précédent.

Après la punition des meurtriers de M. Chicot,
l'année 1844 n'avait plus vu que de très rares
assassinats ; les autorités s'étaient peu à peu relâchées
de la sévérité avec laquelle elles avaient obligé d'a-
bord les voyageurs de marcher en troupe, et un
grand nombre de ceux-ci se hasardaient à partir
isolément sans attendre des compagnons. Cependant
bien des faits dont j'ai été témoin m'ont fait présumer que quelques-unes de ces victimes ont dû leur
malheureux sort à leur brutalité envers des Arabes

qui s'en étaient vengés, ou a leur triste habitude do s'enivrer.

Ainsi, certains individus maltraitaient des indigènes qu'ils rencontraient sur la route. Les charretiers surtout les frappaient de leurs fouets. D'autres, pris de vin, présentaient une proie facile et méprisable aux pillards fanatiques qui les rencontraient.

Tout à coup, au commencement de 1845, les vols et les assassinats se multiplièrent considérablement. Un sergent-major venait d'être assassiné; un charretier avait eu la gorge coupée entre le Vieux Ténez et le Nouveau; son équipage avait été enlevé; c'était un coup bien hardi. Il fallait qu'avec l'équipage volé l'assassin contournât le Vieux Ténez sous ses remparts, et passât, en remontant la route, devant un blokaus gardé par nos soldats; des deux côtés était un bois très-épais et très-difficile. Cette audace devait nous donner à penser ; elle indiquait dans les tribus une certaine fermentation qui devait favoriser et encourager les exploits de ce genre contre nous. Un individu, très-obscur jusqu'à ce jour, Bou-Maza, profita de cette disposition des esprits, et devint bientôt célèbre.

Il était de la tribu des *Ouled-Konidem*. Le capitaine Richard, chef du bureau arabe d'Orléansville, ajoute qu'il était de la petite tribu de marabouts des *Ouled-Sidi-Ouadha*, située entre les *Sbéhas* de la

rive gauche du *Chélif* et les *Ouled-Kouidem*. Ce
même capitaine qui, par sa position, devait avoir sur
lui les meilleurs renseignements, rapporte que, fort
jeune, il s'était engagé dans le bataillon régulier
d'*El-Hadje-Mustapha*, et l'avait ensuite quitté pour
courir les aventures à travers le pays. En menant
cette vie vagabonde, il avait fait la connaissance
de quelques hommes influents dans la confrérie
de *Moulé-Tayeb*, lesquels l'y avaient fait accepter
comme l'homme qui devait accomplir les prophéties concernant le *Moulé-Saa* (l'homme de l'heure).
Enfin, *El-Hadje-el-Arbi*, du Maroc, grand maître de
l'Ordre, avait lu sur lui le *fetcha*, qui est le sacre
des Musulmans, et l'avait ensuite lancé dans le pays
en lui traçant sa ligne de conduite.

Le *Moulé-Saa*, d'après les prophéties, doit chasser
les chrétiens de l'Algérie et convertir l'univers à l'Islamisme. Il doit être jeune : Bou-Maza l'était ; il devait s'appeler *Mohamed-Ben-Abdallah*. Bou-Maza,
homme inconnu auparavant, se faisait appeler
ainsi ; il devait avoir un signe au front, gros comme
une lentille ; il avait été facile à Bou-Maza de s'en
faire un semblable.

D'après *Bel-Gobli*, un de ses derniers kalifats, qui
a laissé une relation sur cette guerre du Dahra, le
véritable nom de cet homme était *Mohammed-Ben-
Ouada*, et son origine était des *Ouled-Kouidem*. Il

entrait dans son rôle de se donner le titre de *schérif*, c'est-à-dire descendant du prophète. Le Moulé-Saa devait en descendre par les femmes.

D'après ce même écrivain, Bou-Maza était, lorsqu'il commença à lever l'étendard de la révolte, dans le *Dahra*, tribu des *Ouled-Jounès*, près de la montagne de *Bal*, située sur le bord de la mer, et bien connue. Nos soldats, qui aiment assez à jouer sur les mots, disaient, quand ils approchaient de ce lieu, qu'ils allaient aux *balles*.

Le capitaine Richard donne plus de détails sur ses commencements. Depuis quelque temps, dit-il, Bou-Maza vivait au milieu des *Cheurfas*, dans le Dahra, chez une vieille femme, veuve, qui lui avait accordé l'hospitalité pour faire une bonne œuvre, et chez laquelle il avait, tout au contraire, introduit une certaine aisance par les aumônes ou dons que sa réputation de sainteté lui attirait. On l'appelait *Bou-Maza*, c'est-à-dire l'homme à la chèvre, parce qu'il en avait une, sa compagne fidèle, qu'il avait élevée à faire des tours bien simples, qui étonnaient les hommes grossiers de ces montagnes.

Cependant, nous devons ajouter ici que ce séjour hospitalier chez une vieille veuve a été formellement nié par Bou-Maza, qui a toujours énergiquement protesté contre cette partie du récit du capitaine Richard.

Lorsqu'il commença à être connu dans les environs, et qu'il y eut acquis une certaine réputation de sainteté, lorsqu'il jugea que le moment en était venu, il commença l'exécution de ses desseins par se faire accepter, pour ce qu'il voulait paraître, par un bonhomme des *Souhalia*, fraction des *Ouled-Jounès*, lequel avait une foi entière dans les prophéties, nommé *El-Hadje Ahmed-el-Jounei*.

Par les soins de cet homme, un festin fut préparé, composé de quelques chèvres qu'il avait fournies, auquel assistèrent un grand nombre de convives.

Là, l'homme à la chèvre fit sa première prédication. Il s'annonça comme le sultan prédit pour exterminer les Français; il assura que la poudre ne pouvait rien contre lui, ni contre les vrais croyants; que les hommes moins purs qui périraient dans les combats jouiraient des joies de l'autre monde, tandis que ceux qui survivraient posséderaient les richesses de celui-ci; et tout d'abord, il leur promettait le pillage de Ténez et d'Orléansville.

Une grande éloquence n'était pas indispensable pour produire un grand effet sur des hommes qui ne demandaient qu'à croire. Aussi les convives se retirèrent persuadés. Ils allèrent raconter à leurs voisins et connaissances ce qu'ils venaient d'apprendre, et n'eurent pas de peine à leur faire accroire ce qui était si conforme à leurs désirs et à leurs traditions. Le bruit, courant de montagnes en montagnes, se répandit dans la plaine, et bientôt tout le Dahra crut au nouveau prophète. De toutes parts on arrivait pour le voir et l'entendre; des présents affluaient de tous côtés. Il put alors organiser sur une vaste échelle des festins toujours terminés par des prédications qui allumaient de plus en plus le fanatisme dans ces foules déjà prévenues.

Le mouvement allait toujours croissant, et en vint au point que même les fonctionnaires que nous avions placés pour administrer les tribus firent porter des lettres et des présents à cet envoyé du ciel. Les *Douros* abondèrent, et le prétendu schérif put se former un entourage composé de secrétaires, d'un trésorier, de chaouches, et organiser une troupe de cavaliers et de fantassins.

Quand il eut ainsi réuni une certaine force autour de lui, il quitta les *Ouled-Jounès*, et vint placer son camp sur l'*Oued-Oukelal*, non loin de la *Kaba* de *Sidi-Aïssa-Daoud*, sur la limite de la subdivision d'Orléansville et de celle de Mostaganem. Il y resta quelques jours, prenant ses mesures pour le premier coup à faire.

Il avait formé le projet de surprendre d'abord le *Douar* de *El-Hadj-Çadoq*, kaïd des Mediounas; il pilla son douar; il le tua de sa propre main, après quoi il revint à son camp. Le kaïd lui avait tiré,

3

avant d'être frappé, un coup de pistolet qui ne partit pas, ce qui confirma l'idée déjà répandue que *la poudre ne pouvait rien sur lui.*

Cet heureux coup de main attira à son camp beaucoup de gens, entr'autres quelques vigoureux cavaliers des *Mchaïa,* fraction des Sbéhas du Dahra, au nombre desquels se trouvait *Aïssa-Bel-Djin,* que nous retrouverons dans d'autres circonstances. Ils le décidèrent à attaquer *El-Hadj-Bel-Kassem,* que nous avions établi *aga* de la grande tribu des Sbéhas.

Comme il se préparait à cette expédition, il reçut un émissaire de Bel-Kassem lui-même qui venait lui apporter les paroles de soumission de l'aga, et lui offrir en son nom tous les moyens dont il pouvait disposer. Cet émissaire arrivait trop tard. Bou-Maza avait déjà pris son parti : il fit saisir l'émissaire et lui fit couper la tête, ce qui lui parut sans doute plus sûr et moins embarrassant que de le garder prisonnier.

Le vieux Bel-Kassem savait jouer les deux jeux à la fois. Avant d'envoyer un émissaire à Bou-Maza, il en avait envoyé un premier à Orléansville au commandant supérieur de la subdivision, le colonel de Saint-Arnaud, pour lui apprendre ce qui se passait : il ne s'y était pas pris assez tôt.

Bou-Maza partit la nuit même du jour qu'il avait

reçu l'émissaire de Bel-Kassem, et, au point du jour, surprit l'aga dans la quiétude que lui inspirait la soumission envoyée. Il mit tout à feu et à sang, lui prit son trésor, ses chevaux, tout ce qu'il possédait, le fit prisonnier, lui et son fils, l'entraîna à son camp, et là, lui cassa la tête d'un coup de pistolet, après lui avoir, au préalable, coupé les bras et les jambes; puis il fit fusiller sur son cadavre son fils, le seul qui lui restait de quatre, les autres ayant péri dans les luttes intestines de la tribu. Après cet exploit, il leva son camp et marcha sur les *Sbéhas* du *Chélif.*

Cette attaque avait eu lieu le **14 avril 1845.** Ce jour même le colonel Saint-Arnaud sortait d'Orléans-ville, à la tête d'une colonne, pour comprimer l'insurrection. Arrivé sur l'*Oued-Oukaran,* il apprit les détails du désastre de Bel-Kassem d'un Mokrazenis de l'Aga, qui y avait échappé.

Un peu plus loin des cavaliers de *Sidi-Mohammed,* alors kaïd des Sbéhas, vinrent avertir que le schérif s'avançait.

En effet, après une marche rapide de quatre lieues avec la cavalerie seulement, l'infanterie n'ayant pu suivre, on découvrit la troupe de l'agitateur sur un mamelon du pays des *Krenensas.* Elle était composée d'environ deux cents chevaux et trois cents fantassins. Le colonel s'avança d'abord lentement contre eux avec environ cent cinquante chevaux.

Ici je remarque une politesse qui m'a frappé de la part de ces hommes peu civilisés : ils se mirent à agiter le grand drapeau rouge de leur cavalerie comme pour faire un salut. Peut-être n'était-ce qu'une provocation. Salut ou provocation, on le leur rendit, et on s'élança sur eux.

En un moment, ils furent dispersés.

L'infanterie ne se défendit même pas. En voyant fuir la cavalerie, elle se débanda dans la plaine de *Gri* qu'il lui fallait traverser pour gagner ses montagnes. On lui sabra une soixantaine ·d'hommes. Quatorze prisonniers furent passés par les armes. L'un d'eux, dit Bel-Gobli dans sa narration, en échappa. Il était resté sur le terrain sans connaissance et baigné dans son sang. Après le départ des troupes, revenu à lui, il se traîna jusqu'où il put être secouru.

Le capitaine Richard avait été blessé légèrement à la tête en cherchant à prendre le drapeau rouge. Le capitaine Fleury, commandant des spahis, avait eu son cheval tué sous lui, et déjà quelques Arabes, saisis de leurs petits couteaux dont ils se servent si dextrement, allaient lui couper la tête, lorsqu'il fut dégagé par le capitaine Berthaut, aide-de-camp du colonel.

Cette défaite n'avait nullement découragé Bou-

Maza. Il eut soin d'écrire une foule de lettres pour annoncer qu'il avait battu les Français dans la plaine de Gri, et il fut cru, quoiqu'il fût loin d'avoir conservé le champ de bataille. On allait même jusqu'à citer les miracles qu'il avait faits, entre autres celui de son cheval qui lançait sur les chrétiens des balles par la queue! Malheur à ceux qui auraient osé le nier, s'il s'en fût trouvé qui eussent été assez impies et assez peu patriotes pour cela! Ainsi, notre victoire tourna contre nous, et une foule de ces fanatiques vinrent augmenter les forces du schérif, à un tel point qu'il fallut combattre encore les 17 et 18 contre des forces bien supérieures à celles que l'on avait eues en tête le 15.

Le lendemain de ce combat, le colonel se rendit à Mazouna, ville assez importante, divisée en plusieurs partis, renommée comme recélant les objets volés et les malfaiteurs de tous pays, moyennant prélèvement ou bénéfice. Il en menaça et effraya les habitants qui déjà cherchaient à lui soustraire un troupeau appartenant aux révoltés. Il y séjourna pour laisser reposer ses chevaux et y attendre le rapport de ses espions. Il en partit le 17, et vint s'établir à *Sidi-Aïssa-Ben-Daoud*, où il fit sa jonction avec la petite colonne de Ténez. On se battit le 17. Le 18, on était en face de quinze cents Kabyles et de deux cents cavaliers, qu'on repoussait encore.

Ce fut le 17 que périt le jeune lieutenant d'artillerie Béatrix, chef du bureau arabe de Ténez.

Voici comment.

Après la jonction des deux colonnes, une reconnaissance avait été poussée par une partie de la cavalerie jusque vers les *Ouled-Sidi-Henni*, fraction des *Ouled-Joussef*. Le lieutenant Béatrix, qui la dirigeait comme chef du bureau arabe, avait pris les troupeaux de cette fraction et les avait dirigés vers le camp. Malheureusement, il était resté trop en arrière de sa personne, accompagné seulement *?* six Mokrazenis. Il cherchait à rejoindre la colonne attaquée en ce moment, lorsqu'il tomba dans une embuscade préparée par un parti ennemi dans un lieu par où il devait passer, couvert d'arbres et rempli de difficultés de terrain. Il se défendit vainement en désespéré; il succomba avec quatre de ses cavaliers. Deux seulement, sur les six, parvinrent à se sauver, après avoir vaillamment combattu. L'un d'eux était cet *Ahmed-Ben-Chaoux*, dont nous aurons encore à parler. Il vient d'être décoré ce mois d'août.

Le cadavre du lieutenant fut mutilé. On lui coupa la tête et les poignets, tristes débris qui furent promenés dans les tribus, et contribuèrent à les encourager dans la révolte.

Le produit de la razzia était arrivé au camp. Le

lendemain, 18, on entra chez les Ouled-Jounès C'est
là qu'eut lieu cet autre combat contre quinze cents
Kabyles et deux cents cavaliers. On leur tua plus de
deux cents hommes, et on se mit à dévaster le pays.
Ce jour là deux compagnies du 5ᵉ chasseurs d'Orléans coururent un grand danger. Elles s'étaient
trop avancées, et furent entourées d'ennemis qui,
les regardant comme une proie assurée, couraient
sur les balles et se précipitaient sur les baïonnettes
avec fureur.

Mais elles étaient cammandées par le commandant Canrobert! Il parvint à les dégager.

Malheureusement, ce ne fut pas sans laisser quelques hommes aux mains de l'ennemi. Quelle ne fut
pas l'indignation furieuse de la colonne lorsque,
quelques instants après, on entendit les cris de ces
malheureux que les Arabes, dans leur férocité, faisaient griller!... Il fallut tout l'énergique pouvoir
des chefs pour empêcher les soldats de compromettre le salut commun en se ruant sur l'ennemi. Aussi,
les jours suivants, l'ennemi paya cher cet acte de
barbarie. Les hommes se battaient avec rage : ils
détruisaient et brûlaient tout.

Sur ces entrefaites, la colonne de Mostaganem,
commandée par le général de Bourjolly, arriva fort
à propos dans le pays révolté. Le colonel de Saint-
Arnaud venait d'apprendre le soulèvement de tout

le cercle de Ténez, l'attaque du camp des Gorges, l'interruption des communications avec Orléansville. Laissant achever au général ce que lui-même avait si bien commencé, il se dirigea précipitamment sur Ténez, où il arriva le 25, après avoir fait vingt lieues en deux jours.

CHAPITRE IV

Soulèvement du cercle de Ténez.

C'était le 20 avril qu'avait eu lieu l'attaque du camp des Gorges. Cette position s'appelait le *Camp des Gorges*, du séjour qu'y avait fait le 5ᵉ bataillon des chasseurs d'Orléans, commandé par le chef de bataillon de Canrobert. Elle est située à environ six kilomètres de Ténez, à l'entrée d'un défilé étroit que s'est frayé l'*Oued-Allalah* à travers les montagnes, pour se jeter dans la mer. Le bataillon était parti pour rejoindre la colonne du colonel de Saint-Arnaud, ne laissant à cette position, ou à ce camp que quelques éclopés.

Cette attaque fut faite par les *Beni-Hedjas*, tribu très-considérable et très-guerrière qui habite les montagnes et les forêts qui sont au levant de Ténez. Les gens de cette tribu étaient accoutumés, avant l'arrivée des Français, à piller leurs voisins de la

3.

plaine, et principalement les habitants du Ténez
maure, livrés à l'agriculture et au commerce. Le
repos leur pesait, et ils avaient vu avec plaisir les
premières tentatives de Bou-Maza. Il paraît que les
faux bruits qui donnaient la victoire à cet imposteur
dans la plaine de Gri, et qui s'accordaient si bien
avec leurs désirs, les avaient tout à fait décidés.

Déjà, à Ténez, on se méfiait de leurs intentions.
On avait demandé à leur kaïd, Ben-Henni, qui avait
une très-grande influence sur toute la tribu, de faire
préparer un certain nombre de bêtes de somme pour
un convoi qu'on devait envoyer à Orléansville. Ce
chef était venu à Ténez sous prétexte d'organiser ce
convoi; il avait dit au commandant supérieur que
ses administrés étaient peu disposés à s'y prêter. On
a pensé que son principal but, en venant à Ténez,
avait été de s'informer de ce qui s'y passait et d'agir
en conséquence. Ben-Henni regrettait le temps où,
à sa voix, ses administrés, on pourrait dire ses su-
jets, se levaient et parcouraient le pays au loin pour
s'enrichir des fruits de leur pillage, fruits dont une
partie lui revenait. Il vit Ténez dégarni de soldats,
et sa résolution fut prise.

Ses hésitations, à propos du convoi demandé,
avaient éveillé les soupçons, et l'on avait prévenu
l'officier qui commandait au Camp des Gorges de se
tenir sur ses gardes.

Mais le pays paraissait fort tranquille. Les Kabyles étaient toujours venus porter leurs produits au
marché du camp, on les voyait tous les jours circuler
comme à l'ordinaire, et l'officier qui commandait
n'avait fait que de légères dispositions de défense,
les croyant même peu nécessaires. Il n'avait avec
lui que cinquante-cinq hommes qui lui avaient été
laissés, avons-nous dit, comme les moins en état de
faire campagne. Le jour de l'attaque, il avait vu arriver, comme toujours, les Kabyles au marché avec
des poules et des œufs. En les voyant sans armes,
avec cet air paisible qu'ils savent si bien prendre,
il se trouva fort rassuré. Ce jeune officier, qui était
sorti depuis peu de l'École, fort aimable et peu dé-
fiant, se laissa aller au sommeil dans la barraque
d'un cantinier civil. Les soldats firent leurs petites
provisions, et les Arabes se retirèrent avec l'argent
qu'ils avaient ramassé. Seulement, ils n'allèrent pas
loin. Leurs camarades se trouvaient dans le bois
voisin au nombre de plusieurs centaines, et tous en-
semble ils vinrent se ruer sur le camp, mais non
sans armes, cette fois.

En passant l'*Oued-Rehan*, petit ruisseau, ordinairement à sec, ils sabrèrent deux jeunes fille de dix
à douze ans dont le père était un cantinier civil. Ces
enfants lavaient du linge très près du blokaus.
L'une fut tuée, et l'autre, laissée pour morte, put

être sauvée, mais resta couverte de cicatrices.

Les soldats, surpris, se sauvèrent dans le blokaus. L'officier, réveillé par le bruit, par son ordonnance et par une balle qui, après avoir traversé une planche de la barraque, faisait un trou dans le traversin à côté de sa tête, courut aussi vers le blokaus, et reçut en chemin deux balles qui déchirèrent sa capote. Heureusement les assaillants, au lieu de poursuivre les soldats, se jetèrent sur les malles des officiers partis avec la colonne, et sur les autres effets qui se trouvaient dans les barraques, et pillèrent. Ils ne désemparèrent que lorsqu'il n'y eut plus rien à prendre et que les balles des soldats, qui avaient repris leurs fusils, les avertirent qu'il y avait du danger à rester plus longtemps.

Quelques-uns avaient été tués. Peu de jours après, en allant visiter le lieu du pillage, je vis encore des cadavres, que leur nudité me fit présumer avoir été dépouillés.

Cette attaque fut bientôt connue à Ténez. Le même jour qu'elle avait eu lieu, M. de Pontual, capitaine d'une des deux compagnies du 5e chasseurs d'Orléans, qui étaient restées à Ténez, arriva pour soutenir les soldats du camp.

Un prisonnier avait été fait. On l'avait trouvé dans le camp, une cuisse cassée d'un coup de fusil tiré par Lanusse, cantinier civil. On reconnut dans ce prisonnier un des indigènes qui servaient les maçons à Ténez, et qui probablement servait aussi d'espion à ses compatriotes. Il fut porté à l'hôpital et traité avec tout le soin que nos médecins militaires ont pour nos soldats. Il mourut de sa blessure.

Le pillage du camp eut plusieurs suites fâcheuses. Dans le butin se trouvaient des épaulettes et des habits d'officiers. Ces effets, montrés dans différentes tribus, ne contribuèrent pas peu à leur soulèvement, à l'aide sans doute des exagérations ordinaires à ce peuple.

Le lendemain, il se trouvait au blokaus, ou dans le petit retranchement élevé tout autour, et qui ne se composait que d'un fossé et du parapet, les cinquante-cinq hommes qui avaient été laissés à la garde du camp, la compagnie de M. de Pontual, fort affaiblie par le départ de ceux qui avaient été compris dans la colonne qui avait été rejoindre le colonel de Saint-Arnaud, et une douzaine de sapeurs, venus sur leurs gros chevaux de traits (sous les ordres de leur lieutenant, M. Comandeur).

C'était assez de monde pour défendre le retranchement, quoique pas assez pour attaquer les Arabes qu'on supposait en force, cachés en partie par les sinuosités du terrain, un petit nombre seulement étant en vue.

Mais je vais laisser raconter le malheureux épisode de ce jour par un témoin oculaire.

« Dans le courant de l'année 1846, je me trouvais un jour assis à la table de M. Budin, payeur militaire à Ténez, ce qui m'arrivait assez souvent ; mais ce jour-là, j'avais l'honneur de m'y trouver avec M. le lieutenant-colonel Canrobert, nommé commandant supérieur du cercle, et le capitaine de Pontual, dont je viens de faire mention. La conversation s'était portée sur les événements du camp des Gorges, et M. de Pontual reconnut que M. Comandeur devait sa mort à son courage trop emporté, à sa témérité. Du retranchement, ils voyaient une trentaine d'Arabes qui, d'une hauteur éloignée d'environ quatre cents mètres et à l'abri de quelques broussailles et de quelques inégalités de terrain, leur lançaient des balles de temps à autre. — Ces gens-là, dit M. de Pontual, finiront par nous tuer quelques hommes. Si j'avais une petite troupe de cavaliers à ma disposition je les délogerais de là. — Me voici, dit M. Comandeur. Je puis les charger si vous ne vous y opposez pas. — Je ne m'y oppose pas, mais je ne vous le commande pas.

» Là dessus M. Comandeur sortit du retranchement, et, avec sa douzaine de sapeurs, il chargea les Arabes. Ceux-ci, les voyant venir, s'enfuirent en franchissant l'Oued-Rehan, ce que ne pouvaient faire

es chevaux, les bords de ce ruisseau étant trop es-
arpés et couverts de broussailles.

» Tout n'était pas fini, malheureusement. M. Comandeur, arrivé au lieu d'où il avait débusqué ces
irailleurs, les poursuivit. A quelques centaines de
pas plus loin, il aperçut d'autres Arabes sur une
petite colline. Il s'y porta au grand galop de son cheval. Le gros des chevaux de traits de ses sapeurs ne
pouvaient suivre le cheval arabe sur lequel il était
monté, quelques efforts qu'ils fissent. Il arriva donc
en compagnie seulement d'un maréchal-des-logis et
d'un brigadier, également bien montés, sur les Arabes qui étaient au nombre de plusieurs centaines, la
plupart cachés dans les sinuosités du terrain. De
tous côtés partirent des coups de fusil, presque à
bout portant. Tous trois tombèrent morts, M. Comandeur avec cinq ou six balles dans le corps. Dans
le moment arrivèrent les sapeurs, sabre en main.
On vit paraître aussi les condamnés des travaux qui
débouchaient des gorges au pas de course. Les Ara·
bes se sauvèrent. »

Je puis, en passant, dire un mot de ces condamnés. Il faut reconnaître qu'ils se sont toujours con-
duits en vrais soldats toutes les fois que les circonstances se sont présentées, faisant presque oublier,
par leur valeur, les fautes qui avaient amené leur
condamnation. Ils ont bien servi à la défense de Té-

nez qui restait souvent avec peu de défenseurs.
Aussi leur conduite en ces occasions leur a-t-elle
mérité bon nombre de grâces.

Je connais bien les lieux où se sont passés les événements que je viens de raconter. La propriété qui
séparait le blokaus de l'élévation où se trouvaient
les Arabes les plus avancés, m'a appartenu, et l'endroit où M. Comandeur et ses compagnons ont péri,
a appartenu à M. Morot, ancien sergent du génie à
Ténez où il a été plus tard entrepreneur civil. Elle
appartient en ce moment, 1863, à M. Lanthéric qui
est venu s'établir à Montenotte. C'est sur le terroire
de la colonie de ce nom, fondée plus tard en 1848,
et dans l'angle formé par l'Oued-Rehan et l'Oued-
Allalah, que ces événements se sont passés.

Tout le monde à Ténez voulut assister à l'enter-
rement de M. Comandeur et de ses braves sous-officiers On n'aurait jamais cru qu'un jeune homme
si modeste eût un courage si téméraire. J'étais lié
avec lui ; je l'ai regretté plus que personne.

Après cette attaque du camp des Gorges, le commandant Prevost arriva à Ténez avec le deuxième bataillon d'infanterie légère composé de cinq cents hommes. Depuis quelques jours, ni convois militaires, ni
convois civils ne s'étaient rendus à Orléansville, et
cette ville commençait à manquer de beaucoup d'objets nécessaires à sa consommation. On profita de

l'arrivée de cette troupe, et le commandant Prevost partit le lendemain avec quatre cents hommes pour escorter un convoi de voitures militaires et civiles.

Il fut attaqué par les Kabyles du cercle de Ténez dans la plaine de l'Oued-Allalah à l'endroit où se trouvait un arbre fort gros, que nous appelions l'arbre sec, presque au point où l'Oued-Bou-Allouh se jette dans l'Oued-Allalah, sur l'ancienne route. Les Kabyles, d'abord peu nombreux, furent bientôt au nombre de quinze cents à deux mille. Il n'y aurait rien eu d'étonnant à ce que quatre cents bons soldats comme les nôtres eussent résisté à une troupe aussi nombreuse d'hommes indisciplinés, mais ici il fallait défendre une longue colonne de voitures qui roulaient assez mal sur un terrain nullement macadamisé. Il fallait empêcher que les bêtes qui les traînaient fussent mises hors de service, et pour cela, leurs défenseurs, entourés de tous côtés, devaient en éloigner les balles. Il fallait donc que, dispersés en tirailleurs, ils se tinssent à une certaine distance du convoi pour en tenir hors de portée ceux qui l'attaquaient. On conçoit alors que ces quelques soldats, obligés de défendre une grande étendue de terrain en avant, à gauche, à droite et en arrière, fussent éloignés les uns des autres, et laissassent beaucoup de vide entr'eux. Si les Kabyles avaient su profiter de ces circonstances, ils auraient pu péné-

trer jusqu'aux voitures, et couper les traits des animaux attelés, ou en tuer, ce qui devait tout arrêter.
Le sort de notre troupe qui, certes, n'aurait pas
quitté la défense des objets à elle confiés, se serait
trouvé fort compromis.

Heureusement les ennemis se contentèrent d'é-
changer des coups de fusil. Pendant ce temps le convoi avançait toujours. Il arriva à la nuit, après avoir
fait plus de la moitié du chemin, à l'endroit dit les
cinq palmiers, toujours accompagné de la fusillade
qui ne cessa que lorsque l'obscurité y eut mis em-
pêchement.

Arrivé là, le commandant fit camper sa troupe
comme s'il devait y passer la nuit, et les Arabes se
retirèrent, bien décidés à recommencer la poursuite
le lendemain.

Le lendemain, ils ne trouvèrent plus personne.

Nos gens commençaient à manquer de cartouches.
D'ailleurs leur tâche était de conduire le convoi à
Orléansville, et non de batailler. A peine avaient-ils
eu mangé la soupe, à peine s'étaient-ils reposés
quelques instants que de nouveaux ordres furent
donnés, et l'on partit en faisant le moins de bruit
possible. Le lendemain, à la pointe du jour, on arrivait à Orléansville sans autre encombre.

Notre perte fut grande, comme on peut bien le
penser, dans les circonstances que nous venons de

décrire. Il avait fallu tout le sangfroid des officiers et toute leur énergie pour maintenir le bon ordre. Les voituriers civils, eux-mêmes, rassurés par le calme qu'ils voyaient autour d'eux, au milieu d'un combat où ils entendaient siffler les balles, conduisaient leurs voitures sans se troubler. Une seule, forcée de rester en arrière, et chargée d'esprit de vin, fut brûlée au grand contentement de l'ennemi qui poussait des cris de joie en voyant les flammes s'élever dans les airs. Les bêtes d'attelage avaient été sauvées.

Si les officiers avaient montré de la présence d'esprit au milieu des cris des Arabes, de tout ce tumulte, et de tous ces embarras, nos soldats n'avaient pas montré moins de bravoure, d'autant plus qu'ils voyaient bien, qu'à la distance d'où chacun était de ses camarades, celui qui serait trop blessé pour rejoindre les voitures qui marchaient toujours, était un homme perdu. On vit un sergent, étant tombé, une jambe cassée par une balle, et assailli par plusieurs Kabyles, en tuer encore un d'un coup de baïonnette avant de succomber.

Nous avions eu cinquante-six hommes blessés, et cinq à six tués. Le combat avait donc été bien meurtrier, relativement au nombre d'hommes qui y avaient pris part.

Quelque temps après, le hasard me fit converser

à Ténez avec un Arabe qui avait assisté à cette affaire. Son métier à Ténez était de conduire des ânes. Il avait voulu, disait-il, aller voir son père qui était d'une tribu près d'Orléansville. Que ce fût ce motif, ou la frayeur causée par le soulèvement de tout le cercle de Ténez, il avait voulu profiter de ce convoi pour retourner dans sa tribu. Cet homme s'était cru perdu quand il avait vu cette nuée d'assaillants; car ses coreligionnaires ne l'auraient pas épargné en le trouvant avec nous. Il avait été tout émerveillé de cette belle défense, et disait dans son baragouin de langue franque, que les Français sont de vaillants guerriers.

C'était le 23 qu'avait eu lieu cette attaque. C'était le 23 que le colonel de Saint-Arnaud faisait sa jonction dans les Ouled-Jounès avec le général de Bourjolly, et qu'il apprenait l'attaque du camp des Gorges. Il n'y avait pas de temps à perdre, soit pour secourir Ténez, soit pour empêcher la révolte des Beni-Hidjas de s'étendre du côté de Cherchell, ce qui l'aurait un peu trop rapprochée d'Alger. En conséquence, il partit de suite, laissant au général le soin de tenir tête à Bou-Maza déjà battu.

Il fit en vingt-quatre heures les vingt lieues de mauvais chemins qui les séparaient de Ténez où il arriva le 25.

Il y prit des vivres pour la colonne qu'il forma en

vue de la courte campagne qu'il allait entreprendre,
et le 28 il entra dans le pays des *Beni-Ilidjas*.

Il commença par dévaster le pays. De Ténez on
pouvait voir la fumée des feux qui y brûlaient leurs
gourbis. Les différentes fractions de cette grande
tribu se réunirent Elles attaquèrent le colonel, et lui
donnèrent ainsi l'occasion de les battre si vigoureusement, le 29 et le 30, qu'ils se virent obligés de demander l'*Aman*. La punition n'avait pas tardé à
suivre la faute. Les conditions qu'on leur imposa
leur semblèrent si dures qu'ils hésitèrent à les accepter. Ils ne se décidèrent tout à fait que lorsqu'ils
virent recommencer les ravages qu'il leur était impossible d'empêcher

Le résultat obtenu par le colonel avait été plus
grand qu'on n'aurait osé l'espérer. Il étonna les vieux
Africains qui savaient combien ces gens tiennent à
leurs armes. Ces farouches montagnards avaient
consenti à payer vingt-cinq mille francs de contribu-
tions de guerre, et, ce qui leur avait été sans doute
plus sensible encore, quoiqu'ils tiennent beaucoup à
l'argent, ce fut l'obligation de livrer cinq cents fusils,
trois cents sabres et deux cents pistolets.

Les vingt-cinq mille francs servirent à indemniser
les officiers dont les effets avaient été pillés au camp
des Gorges, et quelques malheureux cantiniers civils que cette attaque avait ruinés.

Au sujet des armes, ils essayèrent de tromper notre bonne foi, ou de surprendre notre négligence.
Ils avaient ramassé dans la tribu toutes les vieilles
ferrailles qu'ils avaient pu trouver sous formes d'armes à feu, et vinrent nous les présenter comme étant
les objets qu'ils avaient promis. Ces armes dataient
de quelques centaines d'années, et depuis longtemps
ne pouvaient présenter de danger qu'à ceux qui s'en
seraient servis. Ils les devaient remettre au chef du
bureau arabe de Ténez.

C'était alors le capitaine d'état-major Lapasset
qui était arrivé le 24 du mois pour remplacer
le malheureux Béatrix, tué le dix-sept, comme
nous avons dit. Cet officier refusa de recevoir les
armes qu'ils lui apportaient, et les obligea d'en donner de meilleures. Ils avaient beau prétendre qu'elles étaient bonnes. Le capitaine y avait mis cependant tous les ménagements possibles jusqu'à leur
offrir de recevoir celles qu'eux-mêmes chargeraient
et oseraient tirer. Ajoutons que bien peu acceptèrent
une pareille offre.

Parmi les sabres, il y en avait un bien remarquable; c'était une lame de *Tolède* qui avait appartenu à un Abencerage, comme le prouvait l'inscription qui s'y trouvait en langue arabe : — *Ne me tire*
pas sans motif : ne me rentre pas sans honneur.

La colonne était rentrée le 4 mai à Ténez pour s'y

ravitailler, retourner ensuite dans les Beni-Hidjas, et de là se rendre dans les Beni-Rached du Chélif qui s'étaient soulevés aussi.

Mais pendant qu'elle était dans les montagnes des Beni-Hidjas, de graves événements avaient eu lieu dans le reste de la subdivision.

Bou-Maza, ayant appris que le centre en était dégarni de troupes par le départ de la colonne Saint-Arnaud, avait fait un crochet, évité le général de Bourjolly, et s'était dirigé sur Orléansville même. Les *Sbéhas* dont il traversait le pays se soulevèrent en sa faveur. Les autres tribus de la subdivision, même les plus reculées, suivirent leur exemple et lui envoyèrent des contingents. Il se trouva alors à la tête de forces considérables.

Orléansville, à cette époque, n'avait pas de fortifications. Cette ville avait seulement des fossés qui auraient pu être facilement franchis. Ses défenseurs étaient dans le moment en bien petit nombre.

Aussi Bou-Maza s'avança vers la ville comme allant à une conquête assurée. Il avait prêché que, par la puissance de Dieu, tous les infidèles allaient être exterminés; que, pour rendre l'œuvre plus facile et moins dangereuse, les Musulmans seraient invisibles à leurs ennemis; que les canons et les fusils de ces derniers seraient muets. Aussi, toute la population des environs, hommes sans armes, em-

mes, enfants, munis de sacs pour les remplir des dé-
pouilles des chrétiens, se joignirent-ils à sa troupe
armée, et vinrent entourer Orléansville.

Peut-être aurait-il réussi sans l'heureuse idée
qu'avait eue le Maréchal, digne de sa prévoyance, de
détacher un bataillon du 64e de Milianah, et de
l'envoyer à Orléansville. Le bataillon arrivait. Les
canons, en réserve dans la ville, tirèrent, et commencèrent par éclaircir les groupes. En même temps
les baïonnettes se montrèrent sur les bords des fossés.

C'était bien assez pour que la confusion se mît
dans cette multitude qui s'était avancée avec la plus
entière confiance et comme à une conquête assurée
et sans péril.

Elle se retira, mais la ville resta dans un état complet de blocus malgré les fréquentes sorties que faisait le chef de bataillon du génie, Tripier, commandant supérieur par intérim. Ces sorties servaient à
dégager un peu les abords sans pouvoir rétablir les
communications avec les pays voisins. Plusieurs habitants de Ténez, venus pour des affaires d'un jour,
se trouvèrent ainsi, malgré eux, habitants d'Orléansville pour quelque temps.

A la nouvelle de ces événements, le colonel de
Saint-Arnaud partit pour Orléansville en laissant
fort peu de troupes à Ténez qu'il jugeait n'en avoir

plus grand besoin, après l'expédition faite contre les
Beni-Hidjas ; mais il comptait sans l'obstination
de ces montagnards, et surtout sans l'audace des
bandits qui se rendaient toujours sur les points du
pays où il y avait à guerroyer avec espoir de butin,
et aussi sans l'influence de *Ben-Henni*, l'auteur de
leur soulèvement.

A peine fut-il parti que ce chef, à la tête de quelques centaines de bandits, se mit à piller des tribus,
ou fractions de tribus, dont la soumission avait été
obtenue par nous. Nos troupes s'élançaient de Ténez à la nouvelle de chaque irruption, et ne pouvaient joindre que rarement ces bandes de pillards
qui, après avoir fait leur coup, se retiraient aussi
vite qu'elles étaient venues.

On avait des espions : on se tenait toujours prêt à
partir au moindre mouvement dont on avait la connaissance; on tenait la campagne autant que le per-
mettait la nécessité des ravitaillements : mais l'ennemi ne laissait pas pénétrer ses projets. Il était dans
son pays , et avait l'avantage de connaître parfaitement toutes ses montagnes, et les plus petits sentiers
qui pouvaient conduire d'un lieu à un autre. Au milieu de ses coreligionnaires et compatriotes, il avait
bien plus de moyens que nous d'avoir des informa-
tions exactes.

Aussi n'était-ce qu'au moyen de la vigilance la

4

plus grande, d'une activité incessante que nous pouvions l'empêcher de faire des razias trop près de Ténez. Nous pouvions protéger d'une manière efficace le départ où l'arrivée de nos convois qui suivaient une route déterminée. Nous pouvions le faire fuir de tous les lieux où nous nous portions: mais, malgré tous nos soins et tous nos efforts, nous ne parvenions pas à atteindre cet ennemi insaisissable.

———

CHAPITRE V

Continuation du soulèvement du cercle de Ténez.

C'est ainsi que Ben-Henni nous faisait la guerre. Les difficultés que nous trouvions à le traquer, l'impossibilité de nous avancer dans ses montagnes avec le peu de monde que nous avions, enhardissaient toutes les populations qui les habitaient dont la plus grande partie avait été longtemps soumise à ce chef. Elles voyaient bien, que, ne pouvant les défendre contre les entreprises de celui-ci, nous ne pourrions non plus les punir de leur défection. Mues de plus par les sentiments de leur fanatisme et de leur haine, elles commencèrent à se soustraire peu à peu à notre domination, douar par douar, tribu par tribu. Elles finirent par ne plus reconnaître que l'autorité de Ben-Henni, devenu notre ennemi implacable.

Celui-ci avait cependant appris plusieurs fois à ses

dépens, ce qu'était l'attaque de nos soldats, et il se gardait autant qu'il le pouvait de leurs atteintes.

Enfin arriva le colonel de La'lmirault avec une colonne assez forte pour qu'on pût entrer dans leur affreux pays.

La colonne dégagea la route entre Ténez et Orléansville coupée du côté de Boubara par des bandes d'insurgés; elle opéra dans la vallée de l'*Oued-Dahmous*, fit une razia assez importante sur les cheurfas des *Beni-Haouas* qui avaient reçu les agitateurs, et entra chez les Sinfitas qu'elle châtia vigoureusement. Ce fut dans cette dernière expédition qu'arriva l'épisode que j'ai raconté de la mort d'un invulnérable schérif tué par le superstitieux *Abd-el-Kader Ben-Ahmed.*

Dans nos diverses opérations contre les Beni-Hidjas nous eûmes parmi les indigènes un auxiliaire précieux. C'était *El-Hadj-Merouan*, kaïd des kaïds par nous.

On l'avait accusé d'avoir été, conjointement avec Ben-Henni et Ben-Kassem, le troisième instigateur de la révolte des Beni-Hidjas, un des chefs de l'attaque du camp des Gorges, et de celle du convoi protégé par le commandant Prévost. C'était sans doute une erreur, car il était un ennemi personnel de Ben-Henni.

On le fit chef des kaïds des Beni-Hidjas en remplacement de Ben-Henni, et je vois dans la correspondance du chef du bureau arabe (lettre n° 18, 27 juin), qu'on avait été très-content de lui dans la courte campagne de quinze jours qu'il venait de faire avec le colonel de Ladmirault contre les Beni-Hidjas.

Cet Hadj-Merouan était un homme influent dans son pays. Nous le voyions souvent à Ténez, où il fréquentait même nos bals, dans lesquels il se montrait très-convenable. Son centre de commandement était à l'est du cap de Ténez. On débarquait assez souvent à l'abri de ce cap lorsque le vent d'ouest était trop fort pour qu'on pût débarquer à Ténez même. On était toujours sûr d'y être bien reçu par lui. Il donnait des provisions aux débarqués quand il le fallait, et leur fournissait des moyens de transport jusqu'à Ténez, éloigné de quatre lieues, et où l'on n'arrivait que par des sentiers difficiles.

Il s'est toujours montré fidèle et zélé. Il est encore aujourd'hui le kaïd des kaïds de Beni-Hidjas.

Mais il n'en était pas de même de tous ceux qui acceptaient des fonctions de notre autorité.

Ainsi nous avions fait *hakem* (kaïd) du Ténez maure le vieux Ben-Tayeb; nous lui avions procuré certains avantages qui lui faisaient gagner de l'argent. Il en avait beaucoup à l'époque où nous sommes arrivés. Il correspondait directement avec le maréchal Bugeaud, qui avait en lui une grande confiance ; enfin, grâce à nous, il était devenu le personnage le plus considérable du cercle.

Il aurait dû être un de nos amis les plus zélés : il n'était ami que de l'argent. C'est ce qui finit par causer sa perte.

Il conservait aussi des relations avec nos ennemis, voulant, comme on dit vulgairement, *conserver la chèvre et le chou.*

Déjà le nouveau chef du bureau arabe, le capitaine Lapasset, avait dénoncé à l'autorité supérieure divers faits qui prouvaient des menées peu compatibles avec la fidélité qu'il nous devait. Enfin, le maréchal étant venu à Ténez pour s'y embarquer, le reçut chez lui en audience particulière pour entendre sa défense sur les griefs qu'on lui imputait.

Le maréchal, après l'avoir écouté un certain temps, fit entrer le capitaine Lapasset.

L'audience fut assez longue. On en attendait le résultat au dehors avec une certaine anxiété. Qui l'emporterait du jeune officier ou du rusé vieillard ?

Celui-ci se défendit avec une foule de protestations qu'il croyait devoir faire un grand effet sur le maréchal. Mais il fut obligé de baisser la tête lorsque le capitaine lui prouva qu'il avait reçu et soigné chez lui des ennemis blessés dans le combat du camp des Gorges et du convoi, lui citant le nom de ces individus ; lorsqu'il lui reprocha, entre autres faits, son obstination à porter le burnous vert d'investiture qu'il avait reçu d'*Abd-el-Kader* au lieu de porter celui qu'il tenait des Français, malgré plusieurs avertissements successifs qui lui avaient été donnés en particulier, ou en public, même en plein marché.

De ces faits, qui auraient pu faire croire aux populations que le hakem était le représentant d'Abd-el-Kader, et non celui des Français, le capitaine passa à un autre plus grave, à une trahison avérée.

Deux individus devaient être arrêtés pour un meurtre qu'ils avaient commis. Ben-Tayeb, qui rôdait toujours près du bureau arabe, causant avec ceux qui y étaient employés, apprit la nouvelle de l'ordre d'arrestation des meurtriers, décidée pour la nuit suivante : il en fit avertir, moyennannant récompense, ceux que cette nouvelle intéressait si fort et qui se sauvèrent.

Le capitaine, après bien des recherches, était parvenu à découvrir celui qui avait servi d'intermédiaire entre le kaïd et les coupables, et à lui faire avouer la trahison du premier.

Le maréchal n'en demanda pas davantage. S'adressant à Ben-Tayeb, confus, il lui conseilla de faire au plus tôt un voyage à la Mecque.

Celui-ci ne se fit pas répéter ce conseil, dont il comprit fort bien la portée. Il partit en juin après avoir réalisé toute sa fortune ; mais il ne revint pas à Ténez. Au retour de son pèlerinage, il s'arrêta à Tunis, où il se fixa et mourut.

Je parlerai aussi de *Ben-Kobzili*, qui avait été kaïd du temps des Turcs, et qui l'était en 1829, lorsque le marabout *Mahiddin*, père d'Abd-el-Kader, revenait avec son jeune fils d'un pèlerinage à la Mecque. *Mahiddin*, lors de son séjour à la Mecque, avait, dans un songe, vu le Prophète mettre une couronne sur la tête de son fils. Il en avait conclu que son fils serait sultan. Il revenait dans son pays avec cette douce idée, lorsqu'il arriva chez les *Beni-Heumis*. Il fut obligé de s'y arrêter, manquant de ressources pour continuer sa route et fatigué d'un si long voyage, qu'on ne pouvait, à cette époque, faire que par terre.

Ben-Kobzili, chef des Heumis, le garda chez lui pendant plusieurs jours, jusqu'à ce qu'ils fussent, lui et son fils, bien remis de leurs fatigues ; puis leur donna des vêtements et de l'argent pour continuer leur route.

Lorsqu'Abd-el-Kader fut devenu puissant, il n'oublia pas l'hospitalité de Ben-Kobzili, et il le nomma son kalifat.

Il l'était encore en 1843 et 1844, et, en cette qualité, nous faisait une guerre acharnée de partisan.

Mais lorsqu'au commencement de 1845, Bou-Maza parut, se disant l'envoyé direct du ciel, l'homme de l'heure, alors Beni-Kobzili, voyant en lui un concurrent de son ami Abd-el-Kader, se tourna contre lui. S'apercevant que les populations étaient pour le soleil levant, il vint nous proposer de s'unir à nous pour lui faire la guerre. Nous lui rendîmes son ancien kaïdat des Beni-Heumis.

En cette qualité, il nous fut utile contre Bou-Maza; mais c'était un caractère entier et difficile.

Tantôt il voulait réunir à son kaïdat des tribus qui n'en faisaient pas partie; tantôt il faisait donner deux cents coups de bâton à un individu qu'il accusait d'être notre espion auprès de lui, ce qui ne pouvait nous convenir, précisément parce qu'il ne s'était pas trompé. Enfin, il tenait à agir comme chef indépendant.

C'était un homme cruel. Une balle qui lui avait brisé la mâchoire inférieure le rendait déplaisant à voir. Il avait puni d'une manière atroce, et qu'on ne peut raconter décemment, une de ses femmes qu'il accusait d'infidélité. Ses administrés se plaignaient de ses exactions; mais on lui obéissait, car on le redoutait.

Nous nous méfiions toujours de lui, et c'était en partie à cause de cette méfiance que la colonne de Ténez établissait le plus souvent son camp du côté de son kaïdat.

Enfin arriva le moment où nous devions être débarrassés de cet allié douteux et incommode.

C'était dans la dernière quinzaine de septembre 1845. Abd-el-Kader avait reparu avec des forces considérables, et avait soulevé toute la province d'Oran, après avoir massacré la colonne du colonel de Montagnac. Il avait envoyé des lettres par toute l'Algérie. Plusieurs étaient tombées entre les mains du chef du bureau arabe de Ténez, entre autres des lettres pour Kobzili.

On manda celui-ci, et on lui reprocha d'entretenir des correspondances avec les ennemis de la France, avec Abd-el-Kader.

Ben–Kobzili n'était pas un Ben-Tayeb. Il le reconnut franchement, et dit qu'il serait à toujours l'ami fidèle d'Ab-el-Kader.

On lui donna alors le conseil qu'on avait donné à *Ben-Tayeb.*

Il partit et fut s'établir à Tunis où il acheta un domaine qu'il cultive encore aujourd'hui.

Je rapporte ces divers faits non point à cause de leur importance réelle, car presque tous les kaïds que nous nommions se tournaient du côté de l'ennemi dans l'occasion, ou étaient assassinés par leurs administrés. Mon principal but a été de faire connaître ainsi, mieux que de toute autre manière, le caractère des gens auxquels nous étions obligés de nous confier.

L'action atroce que nous n'avons osé raconter de Kobzili envers une de ses femmes pourrait paraître invraisemblable aux touristes qui parcourent maintenant l'Algérie, ou aux amis du pittoresque qui, à Paris, admirent nos brillants spahis. Par vingt ans de fréquentation avec les Français, la civilisation a fait des progrès chez les indigènes, leurs mœurs se sont adoucies; mais, à cette époque, l'on se battait encore; l'Algérie n'avait pas cessé d'être un pays de sauvages. Qu'on veuille bien se rappeler certains faits que rapportent nos annales françaises, et l'on ne sera pas surpris de la barbarie de Kobzili, ni de cet autre fait que je vais raconter, et qui eut lieu à peu près à la même époque, en l'année 1845.

Dans une razia faite sur la tribu des *Chouchaouas*, près Orléansville, une petite négresse, d'environ dix ans, était tombée entre les mains de quelques Mokrazenis du bureau arabe de Ténez qui se la disputaient entre eux. Chacun faisait valoir ses droits; la dispute s'échauffait, et il était à craindre que le sang ne finît par couler, lorsqu'un sage parmi les Mokrazenis, un partisan de la paix, leur dit : « Puisque vous ne pouvez être quatre à la posséder, faites-en quatre portions égales. » Le conseil parut bon à ces quatre rivaux, dont aucun ne voulait céder aux autres. Déjà la petite fille était saisie; déjà le yatagan était levé, lorsqu'accourut le chef du bureau arabe qui sauva la pauvre petite.

L'action sauvage de ces Makrazenis m'a fait comprendre le jugement de Salomon que je ne pouvais m'expliquer. Je voyais bien que c'était une ruse de ce grand roi ; mais je ne comprenais pas que les deux femmes qui se disputaient l'enfant eussent pu croire à l'exécution d'un jugement si barbare. Dès lors, l'émotion de la véritable mère, ainsi que les autres circonstances du jugement, me semblaient une histoire faite à plaisir ; mais aujourd'hui qu'en plein XIXᵉ siècle un acte de même nature a été sur le point de se reproduire, je m'incline, une fois de plus, devant le récit de la Bible.

CHAPITRE VI

El-Hadje-Ahmed.

Nous voici dans la première quinzaine de juillet de cette année 1845. Ces tribus, qui pendant les trois mois qui venaient de s'écouler, avaient soutenu la guerre, s'en trouvaient fatiguées. Elles avaient reçu de rudes corrections. Désireuses du repos, bien aises peut-être aussi de faire leurs moissons, elles se tenaient tranquilles. Bou-Maza, presque seul, pensa alors à se retirer vers le pays des Flittas, subdivision de Mostaganem, et y attendre un temps plus favorable à ses entreprises. Après avoir serré ses drapeaux dans une caisse, son trésor dans une autre, et mis le tout sur des mulets, il se dirigea vers les Flittas, en traversant dans sa marche, malheureusement pour lui, le pays de l'aga de l'Ouersenis.

Cet aga, *El-Hadj-Ahmed*, et *Si-Mohamed-El-*

Frendi, que nous avions nommé aga des Sbéhas en remplacement de ce *Bel-Kassem* qui avait été razié et tué par Bou-Maza, étaient les seuls grands chefs qui nous fussent restés fidèles. Après beaucoup d'efforts, nous étions parvenus à réunir, parmi les partisans de la tranquillité, environ cinq cents cavaliers que nous avions donnés à commander à ces deux chefs. Ils nous avaient fort bien aidés dans quelques razias, et, à la tête de cette troupe, ils imposaient le respect.

El-Hadj-Ahmed, qui se tenait aux aguets, apprit la marche de Bou-Maza et se mit à sa poursuite. Après une course rapide de douze lieues dans les montagnes, il parvint à l'atteindre au moment où il pénétrait dans les *Beni-Tigrins*, voisins des *Flittas*. Il lui tua quelques cavaliers qu'il avait conservés et s'empara de son trésor que ses cavaliers se partagèrent. Bou-Maza, monté sur un excellent cheval, parvint à se sauver, n'ayant plus avec lui que son kodja, *Si-Çadoq*, et un cavalier des Sbéhas. Il arriva chez les Flittas.

Le bruit courut qu'il avait été tué, assassiné par les *Beni-Tigrins*. Que ce bruit eût été semé par lui à dessein, ou que le hasard seul l'eût fait se répandre comme tant d'autres bruits, il fut en partie cause de la catastrophe survenue quelques jours après.

Bou-Maza fut reçu par les Flittas comme l'*homme de l'heure*. D'après leurs superstitions et les prophéties auxquelles ils ont croyance, l'homme de l'heure doit un jour débarrasser le pays des chrétiens, les jeter à la mer, et convertir tout l'univers à l'Islamisme. Croyant voir dans Bou-Maza l'homme des prophéties, les notables du pays se réunirent autour de lui, le reconnurent pour leur chef, et lui offrirent, à titre de soumission, un magnifique cheval alezan qu'ils avaient pris au célèbre général *Mustapha-Ben-Ismaël* lorsqu'ils l'avaient surpris et tué.

Bou-Maza profita de ces bonnes dispositions pour organiser des *krialas*, ou cavaliers réguliers, et réunir des fantassins; puis il recommanda à tous de rester en repos jusqu'à son appel.

Ici, on peut reconnaître un des moyens qu'il employait pour entretenir la guerre. Dans les temps de malheur, lorsque, pour des circonstances quelconques, il se trouvait hors d'état de lutter, il engageait ses partisans à rester tranquilles : les populations devaient demander l'aman, se soumettre; ses soldats organisés restaient ou rentraient dans la vie civile. Lorsque les circonstances devenaient plus favorables et lui permettaient de reprendre les armes, il n'avait qu'à en donner le signal, et tous s'agitaient de nouveau.

C'est ce qui arriva peu après son arrivée chez les

Flittas, plus tôt sans doute qu'il ne s'y attendait.

A peine avait-il terminé l'organisation dont nous venons de parler, qu'il reçut la visite d'*Aïssa-Ben-Djin*, l'un des plus énergiques et hardis brigands des *Mchaïa*, fraction des Sbéhas du Dahra.

Aïssa avait été un des premiers à le rejoindre au commencement de sa carrière ; c'était lui qui l'avait poussé à attaquer et à tuer le vieux *Bel-Kassem*, l'aga de la tribu des Sbéhas. Cet Aïssa méritait bien son surnom, qui veut dire *fils du Diable*.

Le fils du Diable venait apprendre à Bou-Maza que El-Hadj-Ahmed, notre aga de l'Ouarsenis, avait quitté le pays de son commandement pour aller à Mazouna chercher la fiancée de son fils Mahomed. Il lui dit que l'aga, rassuré par la tranquillité qu'on voyait chez les Sbéhas et les tribus environnantes, peut-être aussi par le bruit de sa mort, n'avait avec lui qu'environ 150 cavaliers, au nombre desquels se trouvaient plusieurs kaïds et autres personnages importants, tous richement vêtus : il amenait avec lui les femmes de sa famille, couvertes de bijoux, pour faire honneur à sa future bru.

Il y avait donc un beau coup à faire.

Bou-Maza, sans dédaigner le pillage auquel pensait principalement le bandit, jugea sous d'autres rapports l'importance du coup qu'on lui proposait. Non-seulement il se vengerait de celui qui l'avait poursuivi avec tant d'acharnement peu de jours auparavant, et se débarrasserait d'un ennemi actif et influent, mais sa résurrection, de lui l'homme de l'heure, constatée d'une manière si éclatante, devait frapper vivement l'imagination des Arabes et les entraîner à toutes les entreprises dans lesquelles il jugerait à propos de les conduire.

Il partit avec Ben-Djin et son kodja, traversa la tribu des *Ouled-Kouidem* pendant la nuit, cherchant à gagner le pays des Sbéhas qu'il pensait soulever, se reposa chez les *Ouled Salem*, l'une des fractions des Sbéhas, et, continuant son chemin la nuit suivante, il arriva à *El-Ghar* (la grotte).

Il y trouva un homme des *Aïana*, nommé *Mohamed*, à la tête d'une quarantaine de cavaliers et d'un certain nombre de fantassins. Cet homme lui apprit que *Mahomed-Ben-El-Frendi*, notre aga de cette grande tribu des Sbéhas, dans laquelle il se trouvait dans ce moment, était à quelque distance de là, à *Aïn-Amram*, avec peu de monde, couché chez un individu des *Ouled-Eddassi*, surnommé *El-Kaouadji*; ce qui veut dire le *cafetier*.

(Le capitaine Richard dit: au douar des Keteïa).

En effet, Sidi-Mohamed était occupé dans ce moment à la perception de l'impôt sur les bestiaux ; il était accompagné seulement d'une dizaine de Mokrazenis, et d'un nombre égal de spahis qui lui avaient été donnés comme auxiliaires.

A cette intéressante nouvelle qu'on lui apprenait si à propos, Bou-Maza se faisant suivre de Mahomed et de sa troupe, se mit aussitôt en route pour *Aïn-Amram*. Il tomba à l'improviste, alors qu'il était encore nuit, sur les gens de l'aga dont neuf furent tués, y compris un certain *Bou-Ali* qu'il crut être l'aga lui-même. Heureusement celui-ci, qui ne voyait aucun moyen de défense, avait pu, au milieu du tumulte, sauter sur son cheval non sellé. Le sabre à la main, et à l'aide du poitrail de son cheval qui était d'une force remarquable, il s'était ouvert un passage, portant devant lui le sac contenant les huit cents douros déjà perçus de l'impôt.

Ce vaillant homme devait deux mois après, tomber sous les coups d'assassins le frappant par derrière.

Bou-Maza, sans perdre de temps, fit revêtir quelques-uns de ses cavaliers des manteaux rouges des spahis tués, se rendit avec son monde au lieu dit : *Sidi-Mohamed*, placé en face d'*Aïn-Amram*, et là attendit.

C'était le 17 juillet.

La veille, l'aga *El-Hadj-Ahmed* était arrivé à Mazouna où on lui avait fait une réception brillante. La fiancée y avait été remise aux femmes de la famille qui devaient l'accompagner, et le lendemain, de bonne heure, on se mit en route. On n'avait aucune nouvelle des événements de la nuit. La fiancée, dans un palanquin placé sur un chameau, était entourée du goum qui galopait, tirait des coups de fusil, se livrait à la joie et à une vive fantasia.

On avançait ainsi, et l'on arriva près de Sidi-Mohamed où attendait l'embuscade.

Alors on aperçut venir une quarantaine de cavaliers. L'aga, en voyant des manteaux rouges, crut que son collègue, Si-Mohamed, l'aga des Sbéhas, venait au devant de lui pour rehausser l'éclat de la marche, ainsi qu'il avait été convenu entre eux. Il fit faire la haie à son goum pour recevoir les nouveaux venus, et leur laisser la liberté de faire parler la poudre, à leur tour, devant la fiancée, comme d'usage, en signe de réjouissance.

Bou-Maza s'avança. Il fit en effet parler la poudre, mais la poudre accompagnée de balles, et chargea aussitôt. Les cavaliers d'*El-Hadj-Ahmed*, surpris, déchargèrent aussi leurs fusils inoffensifs, et se débandèrent. On les poursuivit; on entoura la fiancée, et on s'en empara ainsi que des femmes qui l'accompagnaient; ce ne fut pas toutefois sans défense. Le brave aga, abandonné de son goum épouvanté, s'était placé auprès de la fiancée de son fils, et, sans espoir de la sauver, s'était fait tuer les armes à la main en accomplissant son devoir.

Un butin considérable, beaucoup de mulets et de chevaux de transport restèrent au schérif.

Cette affaire coûta à nos alliés une vingtaine d'hommes au nombre desquels plusieurs personnages distingués. L'ennemi ne perdit guère qu'un de ses chefs nommé *Mohamed-Ben-Aïssa.*

Les habitants de Mazouna, à la triste nouvelle de ce désastre, s'empressèrent d'envoyer des gens auprès de Bou-Maza pour racheter les femmes prisonnières. On se mit d'accord pour le prix tant pour celles de Mazouna que pour celles de la famille de l'aga. Bou-Maza les rendit toutes nues. Il prétendit que les vêtements et les bijoux n'avaient pas été compris dans le prix du rachat. Il ne retint que la fille du malheureux aga qui se trouvait au nombre des prisonnières. Elle était âgée de dix-sept ans, et était fort belle. Peu de temps après, elle fut trouvée par les Français ainsi que nous le raconterons.

Bou-Maza alla établir son camp à *Sidi-Ben-Aïssa-Daoud*, dans la plaine de *Mtaougris.* Il avait perdu, mort de fatigue, le beau cheval alezan que lui avaient donné les Flittas, et qui avait appartenu, avons-nous dit, au général Mustapha.

On comprend l'effet que dut produire la réapparition presque miraculeuse du schérif. Le bruit courut qu'il amenait de grandes forces de l'Ouest. Il s'annonçait par la mort de celui qui l'avait poursuivi, d'un de nos grands chefs auquel, pour faire plus d'impression sur ces hommes primitifs et crédules, il eut soin d'envoyer à plusieurs tribus les différentes parties du corps coupé en morceaux. On crut voir dans cette résurrection l'intervention divine, et toutes les tribus des environs se soulevèrent.

Le colonel de Saint-Arnaud s'occupa du soin de les réduire. Trois colonnes, partant de différents points, devaient se réunir vers Mazouna en tâchant d'enfermer Bou-Maza entr'elles. Il fallait le détruire d'abord, et soumettre après les tribus qui le soutenaient de nouveau, dont les Sbéhas n'était pas une des moins considérables.

La colonne de Ténez partit le 5 août, sous les ordres du lieutenant-colonel Claparède, commandant supérieur du cercle de Ténez, et arriva la première vers la plaine de *Gri*, lieu du rendez-vous. Elle se plaça sur les hauteurs en attendant les deux autres colonnes.

A l'arrivée de celle d'Orléansville, on se décida à attaquer Bou-Maza qui était dans les environs. Le lieutenant-colonel Claparède étant malade, le commandant Canrobert prit le commandement de la colonne, et lança sa cavalerie sur celle de Bou-Maza. Elle attaqua avec son impétuosité ordinaire, et enfonça la cavalerie ennemie. Elle se jeta ensuite sur l'infanterie composée des *Ouled-Abdallah*, et la dispersa.

Dans cette charge, on remarqua un des Mokrazenis du capitaine Lepasset, le même qui s'était distingué en défendant vaillamment le lieutenant Béatrix dans l'embuscade où celui-ci fut tué. Un des cavaliers ennemis, *Si-Çadoq*, le kodja de Bou-Maza, tombé de cheval, ajustait le capitaine Lapasset qui, arrivant sur lui au galop de charge, écarta d'un revers de son sabre le fusil qui était presque sur sa poitrine, et le détourna à droite où se trouvait le capitaine Fleury, lequel en fit autant. Dans le moment le coup partait, et emportait les trois premières phalanges de trois doigts du Mokrazenis dont nous parlons, lequel en même temps tuait Si-Çadoq d'un coup de pistolet. Ce Mokrazenis, c'était Ahmed-Ben-Chaouche, fameux dans le cercle de Ténez, et maintenant kaïd des kaïds des *Beni-Madouns*. Il était accoutumé à soutenir ses chefs de près, comme on vient de le voir. C'est un habile cavalier.

Ici, se présente encore un de ces incidents romanesques plus communs dans les guerres africaines que dans celles d'Europe.

Après avoir sabré la cavalerie, et en se jetant sur l'infanterie, on avait fait prisonniers, entr'autres, un jeune garçon nommé *El-Habibe* et son père. Le capitaine, chef du bureau arabe de Ténez, interrogeait cet *Habibe* qu'il trouvait intelligent, et qui lui donnait d'utiles renseignements, malgré les signes que lui faisait son père. Le capitaine ordonna que l'on conduisit celui-ci vers le gros de la colonne, afin que le fils pût parler avec plus de liberté. Après avoir obtenu de lui tous les renseignements qu'il pouvait donner, le capitaine ordonna qu'on le fit monter à cheval, et qu'on le conduisit vers le gros de la colonne. Il se dirigea lui-même de ce côté. Chemin faisant, il vit, étendu sur la route, un cadavre qu'il reconnut pour celui du père d'El-Habibe. On lui apprit que cet homme ne voulant plus avancer, on s'en était débarrassé par un coup de fusil. Le capitaine donna aussitôt l'ordre qu'on détournât de la route El-Habibe qui venait derrière avec les cavaliers qui le conduisaient, afin de lui éviter l'horreur de passer sur le cadavre de son père.

J'ai vu ce même El-Habibe, à Ténez, dans la maison du capitaine, qui l'avait recueilli, et chez qui il resta jusqu'à ce qu'il eût retrouvé sa mère et sa sœur, auxquelles le capitaine le rendit.

Ces deux femmes, prises dans leur tribu comme bien d'autres, avaient été internées à Bône, où on les faisait vivre. Mais quel n'est pas l'amour de la patrie, des lieux où l'on est né, où l'on a passé sa vie ! Ces deux femmes se sauvèrent de Bône, et, sans ressources, firent à pied le trajet de Bône à leur tribu, les *Oued-Abdallah*, où elles arrivèrent après avoir parcouru deux cent cinquante lieues. Elles y apprirent que leur fils et leur frère était à Ténez, chez le capitaine Lapasset, qui l'avait recueilli, et chez lequel il servait comme domestique. Elles osèrent venir le réclamer, et eurent le bonheur de réussir.

CHAPITRE VII

Opérations de la colonne du colonel de Saint-Arnaud

Cependant, le principal but qu'espérait atteindre le colonel de Saint-Arnaud, la prise de Bou-Maza, était manqué. On poursuivit les attroupements des Sbéhas qui se réfugièrent dans certaines grottes ou cavernes de leur pays, espérant qu'on ne pourrait pas les forcer dans des lieux où l'on ne pouvait guère entrer que un à un. Ils se trompaient fort.

Le colonel arriva le 8, devant ces cavernes et les reconnut. Elles avaient cinq entrées sur deux cents mètres de développement. Il y fut reçu à coups de fusil. Il les fit investir par le 53e régiment, auquel on blessa un homme. Le lendemain, 9, après avoir entièrement bloqué ces malheureux, il les somma de sortir et de se rendre. Ils ne répondirent que par des coups de fusil. Il fit alors jouer des mines et éclater des pétards : il employa les sollicitations et les prières. Tout fut infructueux. Alors il fit mettre du bois aux entrées des grottes et y fit allumer du feu pour leur faire mieux comprendre le danger qu'ils couraient. Il le fit éteindre ensuite, et leur laissa le temps de la réflexion.

Enfin, le 11, un Arabe sort par la seule ouverture qu'on n'avait pas fermée à dessein au haut des grottes, et engage, mais vainement, ses compatriotes à sortir. Cependant la colonne, qui avait bien d'autres travaux à accomplir, se trouvait arrêtée, à son grand détriment, depuis cinq jours devant ces fanatiques. A force d'instances, on en décide encore à se rendre quelques autres, qui parviennent à sortir. Un dernier était en l'air, hissé par nos soldats, lorsque quelques-uns de ceux qui voulaient rester, dans une rage de fanatisme, le saisirent par les jambes et tirèrent avec tant de force, qu'en tombant sur le rocher il eut la tête fendue et fut tué du coup. Aussitôt des coups de fusil partirent sur nos soldats.

Que faire avec de pareils entêtés? La colonne consommait ses vivres ; d'autres tribus étaient à châtier ou à soumettre; toute la subdivision était soulevée : fallait-il nous retirer pour qu'ils pussent sortir ensuite et nous tirer des coups de fusil? Ces gens-là étaient ces intraitables Sbéhas qui donnaient toujours le signal de la révolte, et qui venaient, dernièrement encore, de fournir à Bou-Maza les moyens de tuer notre agha, El-Hadj-Ahmed : fallait-il les laisser se sauver, et par suite leur laisser les moyens de sacrifier nos soldats?

Il y a des nécessités terribles à la guerre. *Dura Lex sed Lex.*

On acheva de boucher toutes les issues. On mit le feu au bois entassé à chaque entrée, et on fit un vaste cimetière. Quelles scènes se passèrent là-dedans? On l'a su par trois hommes qui parvinrent à en sortir, et dont, sans doute, ce spectacle avait refroidi l'enthousiasme. Ces trois hommes étaient parvenus à respirer l'air extérieur par des fissures de rocher, et, par leurs cris, ils avaient attiré l'attention de quelques passants, qui les avaient aidés à sortir de là après plusieurs jours d'angoisse. Dans ces grottes se trouvait une source d'eau, et on y avait amené des troupeaux. C'est par ces troupeaux que commença l'œuvre de désolation. Les bœufs étaient devenus furieux quand ils avaient commencé à être privés d'air, et, dans leurs bonds, avaient écrasé les malheureux étendus par terre.

Depuis, a dit plusieurs années après dans sa narration, *Bel-Gobli,* kalifat de Bou-Maza, personne n'a pénétré dans ces grottes, et tous, hommes, femmes, enfants, troupeaux, y sont encore.

Déjà, dans le mois de juin, le colonel Pélissier,

alors commandant la subdivision à Mostaganem, aujourd'hui gouverneur-général, en avait fait autant
aux *Ouled-Riah*, qui s'étaient réfugiés dans leurs
cavernes.

Il avait employé tous les raisonnements, toutes les
sommations, tous les moyens pour les engager à se
rendre. Plusieurs des nôtres, qui s'étaient présentés
à l'entrée de leurs cavernes dans leur intérêt, pour
leur faire entendre raison, avaient été tués par eux.
Le dernier était un capitaine qui avait prié le colonel
de lui laisser faire encore une tentative. Elle lui
avait coûté cher. Aussi tout le monde était furieux.
Le sergent du génie, Morot, m'a raconté que tous
mettaient de la rage à porter le bois, et que lui-
même, qui n'était chargé que de surveiller ce travail, furieux comme les autres, mettait la main à
l'œuvre.

Plusieurs journaux ont blâmé dans le temps cette
mesure, et criaient à l'atrocité. Ils oubliaient que la
guerre n'est pas un jeu d'enfant. Si c'est un jeu,
c'est un jeu terrible : il faut tuer ou être tué. Un
chef répond, non de la vie des ennemis, mais de la
vie des soldats qu'il commande; il répond du résultat des opérations qui lui sont confiées. Dans un but
d'humanité pour des gens qui ne le méritaient
guère, le colonel s'était trouvé avoir perdu plusieurs
braves Français , et n'avait pas fait entendre

raison à ces sauvages entêtés. Il fallait en finir.

En quittant les grottes, le colonel de Saint-Arnaud, ayant appris que Bou-Maza n'était pas loin de là, campé chez les Ouled-Jounès, essaya de le surprendre dans la nuit du 13 au 14. Il le manqua de bien près. Il s'empara de sa smalah et de son troupeau, composé de soixante-dix-huit bœufs et de six cents moutons. Il lui tua son frère.

Ce fut là que nous reprîmes la fille du pauvre agha El-Hadj-Ahmed. Il est probable que la fille de quelque chef européen ne se serait pas aussi bien tirée des mains de l'ennemi que cette fille des champs.

Elle s'était enfuie, dans la confusion de l'attaque, du camp de Bou-Maza, et avait grimpé sur un olivier très-touffu où elle s'était cachée. Le capitaine Lapasset et le capitaine Richard, celui-ci chef du bureau arabe d'Orléansville, marchaient côte à côte, poursuivant les fuyards et ayant derrière eux *Ali*, l'un des fils d'El-Hadj-Ahmed, lorsque tout à coup ils entendirent au-dessus d'eux : *Ali, krouïa!* (Ali, mon frère!) Ils levèrent la tête et virent s'agiter quelques branches d'un gros olivier. Une jeune fille parut, suspendue à l'extrémité d'une de ses branches. Elle mit ses pieds sur le pommeau de la selle d'Ali, qui la reçut dans ses bras et la plaça sur son cheval, derrière lui. C'était sa sœur.

Il paraît que Bou-Maza, qui n'était pas un Scipion, avait fait sur elle, depuis qu'elle était sa prisonnière, des tentatives qu'elle avait constamment repoussées. Elle fut ramenée dans les *Sandjès*, sa tribu, et mariée à un des grands du pays.

Le colonel, dans la première quinzaine de ce mois d'août, avait fait faire une redoute à Aïn-Meran, à neuf lieues d'Orléansville, dans le centre du pays des Sbéhas, et y avait établi un camp. Cette redoute, à peu près imprenable pour des Arabes, et placée au milieu de cette tribu si turbulente des Sbéhas, devait rendre les plus grands services. Il y avait placé pour commandant supérieur le commandant d'Allonville qui, presque aussitôt, avait fait une bonne razia sur l'ennemi, et lui avait tué quarante hommes. Ce poste était facile à soutenir. En six heures on pouvait s'y rendre d'Orléansville.

Ces Sbéhas jouent dans la plaine le rôle que les Beni-Hidjas, avons-nous dit, jouent dans les montagnes. Ils avaient besoin de ce frein, et encore ne les retenait-il pas. Il servait du moins à les punir.

Ces Sbéhas sont les plus grands *brigands* du monde, dit le colonel de Saint-Arnaud. Il raconte qu'un bey turc, d'une seule fois, avait fait couper chez eux cent cinquante têtes qu'ils avaient regardé tomber. Ils en avaient été si peu effrayés qu'après cet exemple terrible, ils lui avaient fait la conduite à

coups de fusil. Il ajoute qu'il en a détruit plus de
deux mille sur dix ou douze mille qu'ils sont, sans
les corriger. Nous le verrons par d'autres soulève-
ments.

Le colonel leur donne le titre de *brigands*. On conçoit cette expression sous la plume d'un chef irrité,
lequel, après avoir usé plusieurs fois d'indulgence
à leur égard, les voit continuellement se soulever,
agiter le pays soumis à son commandement, et lui
tuer ses soldats. Cependant, une pareille expression
ne serait sans doute pas sortie de la plume d'un
homme à sentiments si élevés que le colonel de Saint-
Arnaud, le vainqueur de l'Alma, si les Sbéhas n'a-
vaient fait que défendre leur pays et leur nationalité.
Mais les Sbéhas avaient, même avant l'apparition
des Français, toujours été les premiers à attaquer et
à piller leurs voisins, Arabes comme eux, et musulmans comme eux.

Ils avaient dû nécessairement, par leurs mœurs
et leur férocité, indépendamment de la guerre qu'ils
soutenaient contre nous, donner l'idée qu'ils étaient
des brigands.

D'ailleurs, dans cette guerre même, ils manquaient
constamment à leurs belles promesses. Après avoir
donné des chevaux de gada, avoir fait leur soumission dans les moments difficiles, ils profitaient de la
première occasion pour lever l'étendard de la ré-

volte et nous égorger. Ne venaient-ils pas dernièrement de donner à Bou-Maza les moyens du guet-apens contre El-Hadj-Ahmed?

Au reste, en ce pays, la vie humaine avait si peu de prix, que la *dia* (le rachat du sang), était tombé à 6 douros (33 francs)! Pour cette somme, on pouvait tuer un homme; pour la moitié, se débarrasser d'une femme.

Après les terribles exécutions qui venaient d'avoir lieu, et devant nos soldats victorieux, ils firent de nouveau leur soumission. D'autres tribus suivirent leur exemple. Bou-Maza qui n'était plus en sûreté dans le Dahra, se retira de nouveau chez les Flittas, cette grande tribu de la subdivision de Mostaganem.

Tout le pays paraissant tranquille, le colonel rentra le 17 août à Orléansville, après cette courte et terrible campagne.

Le 21 du même mois il se rendit à Ténez pour y recevoir le maréchal, qui vint avec lui à Orléansville. Le maréchal y resta deux jours avec les personnes qui l'accompagnaient en amis, dont peut-être on ne sera pas fâché de retrouver ici les noms, noms bien connus. C'étaient le comte Guyot, directeur de l'intérieur, le général Randon, le procureur général Dubodan, M. de Saint-Geniès, directeur des domaines, le comte de Latour-Dupin, le baron Vialar, le capitaine Feray, beau-frère du ministre Salvandy et plus tard gendre du maréchal, M. Fourichon, commandant le *Caméléon*, et quelques négociants d'Alger.

D'Orléansville, le maréchal rentra à Alger, et de là partit pour la France. De terribles événements l'en firent bientôt revenir.

Puisque dans ce moment tout est tranquille dans la subdivision, qu'il me soit permis de parler d'un phénomène dont je fus témoin cette année 1845, et qu'heureusement nous ne voyons jamais en France. Il s'agit d'un ouragan de sauterelles qui, en septembre, remplit l'air dans la subdivision. Il en passait des nuées si épaisses qu'elles obcurcissaient le soleil. C'étaient les plus fatiguées sans doute qui se laissaient tomber à Ténez, dans la ville même, où elles ne pouvaient rien trouver à manger. Les rues en étaient couvertes : elles remplissaient nos magasins. Elles étaient très-longues et très grosses. Il était facile de concevoir que partout où elles s'arrêtaient toute verdure devait disparaître, qu'il n'y devait plus y rester que le sol nu, et des arbres dépouillés de leurs feuilles. J'avais vu des descriptions de choses semblables dans les livres ; j'avais cru à l'exagération. Maintenant je suis convaincu, car j'ai vu. Si ce phénomène était plus commun en Algérie, ce serait un pays inhabitable ; mais, dans l'espace de vingt ans, c'est la seule fois que je l'ai vu.

La tranquillité dont nous avons fait mention laissa un peu de repos aux troupes dans la subdivision d'Orléansville pendant la dernière quinzaine d'août et la première quinzaine de septembre; mais au commencement de la deuxième quinzaine de ce mois, cette tranquillité fut troublée par des événements dont le bruit retentit à nos oreilles comme des coups de tonnerre.

Bou-Maza, qui s'était retiré chez les Flittas, subdivision de Mostaganem, les avait soulevés. Après avoir reçu *Ben-Garma*, l'aga de la cavalerie d'Abd-el-Kader, qui l'avait rejoint avec son goum, il avait attaqué le camp de Kramis, et avait repoussé en plusieurs rencontres le général de Bourjolly, commandant supérieur de la subdivision de Mostaganem. Il lui avait tué, entre autres, le lieutenant-colonel Berthier du 4e chasseurs, lui avait blessé le commandant Cler, du 9e de chasseurs d'Orléans, et avançait toujours.

Le général de Bourjolly s'était vu obligé de faire venir la colonne de Mascara, et de demander sa coopération au colonel de Saint-Arnaud.

Dans le même temps avait reparu, venant du Maroc, Abd-el-Kader, à la tête de quatre mille cavaliers et de six mille fantassins. On se souvient encore, et on se souviendra longtemps du désastre du bataillon du commandant de Montagnac. Sur quatre

cent cinquante hommes, quatorze seulement s'é-
taient sauvés; presque tous les autres étaient morts.
Très-peu étaient prisonniers, pris sur le champ de
bataille, où leurs blessures les avaient étendus ;
mais morts et blessés avaient été trouvés sur des
monceaux de cadavres ennemis. Par suite, toute la
province d'Oran fut en feu.

Il fallait le retour du maréchal qui, du reste, ne
tarda pas d'avoir lieu.

Le colonel de Saint-Arnaud se rendit à l'appel du
général de Bourjolly. Il partit le 25 septembre avec
huit cents baïonnettes et cent cinquante chevaux.
C'était assez comme colonne de soutien, quoique pas
assez pour   défendre seul contre Bou-Maza, qui
venait de repousser le général de Bourjolly.

Dans la nuit même, après avoir marché tout le
jour, le colonel apprit par des bruits confus, il est
vrai, mais qui devaient le faire tenir sur ses gardes,
que l'ennemi n'était pas loin, et que, par conséquent,
il ne pourrait arriver au rendez-vous donné par le
général, qui avait dû battre en retraite lui-même. Il
jugea qu'il était perdu s'il s'engageait dans les montagnes avec sa petite colonne. Il resta dans la plaine
et se dirigea vers la *Djedouïa* inférieure, près du
chélif. Il y trouva Bou-Maza à la tête de deux mille
cavaliers et de trois mille fantassins.

Bou-Maza l'entoura, et le vit si bien posté qu'il n'osa l'attaquer.

Dans la nuit du 28, le colonel lève son camp, passe le Chélif, et va prendre position au Kramis des Shéhas, d'où il couvrait Aïn-Méran, Orléansville et toute la subdivision. Bou-Maza, qui avait trouvé inattaquables toutes les positions qu'il avait prises, se retire.

Il fait la faute de passer, avec ses hommes embarrassés de butin, près du camp du général de Bourjolly, lui offrant ainsi l'occasion de prendre sa revanche. Ce général, qui avait été renforcé de trois cents chevaux du colonel Tartas, l'attaque : tout est sabré et massacré ; le butin est repris, et Bou-Maza se sauve avec peine, accompagné seulement de quelques fidèles.

Le colonel de Saint-Arnaud, après la retraite et la déconfiture de Bou-Maza, eut quelques jours de tranquillité. Cependant, le 10 octobre, il fut obligé de battre un nouveau schérif, *Bou-Assem*, et de disperser ceux qui le suivaient. Le lendemain 11, il fut attaqué lui-même par trois mille *Beni-Ourags*, fantassins, et quatre cents cavaliers. Il en tue deux cents et met le reste en fuite. Ces heureuses affaires lui servent à maintenir toute cette tribu et tout l'Ouersenis ; elles lui laissent la liberté de châtier les *Ouled-Krouidem*, les *Orled-Abbès* et les Mazouniens, après quoi il voit tout pacifié autour de lui et se croit tranquille ; mais comment l'être avec les hommes indomptables auxquels nous avions affaire.

Ce fut précisément alors que Ténez courut le plus grand danger.

Le maréchal avait appris les circonstances graves dans lesquelles se trouvait l'Algérie par suite des effrayantes réapparitions d'Abd-el-Kader et de Bou-Maza ; il venait d'y rentrer. De suite il avait envoyé l'ordre au colonel de Saint-Arnaud d'aller rejoindre chez les Flittas le général de Bourjolly, afin de l'aider à contenir les tribus que l'approche d'Abd-el-Kader agitait.

Le colonel se mit en route pour exécuter cet ordre ; chemin faisant, il fut averti que Bou-Maza cherchait à soulever quelques tribus du Dahra. Il prit son chemin par ces tribus, dans l'espoir de le rencontrer et de le combattre. N'ayant pu le rencontrer, il continua sa marche vers le général avec lequel il fit sa jonction le 28 octobre. Il l'aida à razier et à soumettre quelques tribus, non sans combats.

Ce fut le 11 novembre seulement, une douzaine de jours après la jonction, qu'il apprit que Bou-Maza après avoir fait sans succès une démonstration sur Orléansville, s'était porté sur Ténez.

Le schérif avait réuni de nombreux contingents chez les Béni-Zentis. Il avait soulevé encore une fois

6

la nombreuse tribu des Sbéhas qui venaient d'assassiner, au marché des Kremis, leur aga, Si-Mohamed-
El-Efrendi, en lui tirant à bout portant un coup de
tromblon par derrière. C'était le seul grand chef qui
nous fût resté fidèle, après la mort d'El-Hadj-Ahmed. C'était lui qui, surpris la nuit par Bou-Maza,
dans une tournée qu'il faisait pour lever un impôt
dans son agalik, s'était ouvert un passage le sabre à
la main. Sa rare énergie avait pu contribuer à rete-
nir un certain temps ses administrés dans la soumission : ceux-ci avaient pris le parti de l'assassiner,
et avaient de nouveau suivi les drapeaux de Bou-
Maza.

Ce chef, à la tête de toutes ses forces, s'était avancé
sur Orléansville. Repoussé, il s'était rejeté du côté
de Ténez. On dit que c'était à la suggestion de Ben-
Henni, qui lui avait assuré que Ténez était dégarni
de troupes, ce qui était vrai, et était facile à enlever,
ce qui n'était pas aussi certain.

Il n'est pas étonnant que le colonel l'eût manqué
lorsqu'il l'avait cherché tout en allant rejoindre le
général de Bourjolly. Les montagnes et les défilés du
Dahra ne nous étaient pas encore bien connus, et
présentaient toute facilité aux indigènes d'éviter nos
colonnes.

CHAPITRE VIII

Attaque de Ténez.

On eut avis à Ténez que Bou-Maza s'avançait de ce côté, tandis que les troupes du cercle et de la subdivision étaient dans la subdivision de Mostaganem, pays des Flittas.

L'on s'y prépara à la défense.

Une des premières mesures que l'on prit fut de munir de fusils les habitants du vieux Ténez, auxquels s'étaient joints quelques kabyles des environs. Ce vieux Ténez nous était resté fidèle, peut-être parce que ses habitants voyaient la bouche d'un canon tournée de leur côté nuit et jour; peut-être aussi parce que notre proximité les assurait d'une protection efficace contre toute attaque, et probablement par ces deux motifs réunis.

Le 10 novembre, au matin, la générale se fit en-

tendre et nous annonça l'arrivée de Bou-Maza. Il at-
taquait un poste avancé que les Maures du Vieux
Ténez avaient placé sur les hauteurs par où l'ennemi
devait arriver. Les Ténèzi ns avaient à leur tête cet
El-Hadj-Merouau que nous avions fait kaïd des
kaïds des Beni-Hidjas, en remplacement de Ben-
Henni, et qui s'était bien conduit depuis lors. Nous
avons raconté qu'auparavant il avait été accusé d'a-
voir été le compagnon de Ben-Henni dans les deux
attaques du camp des Gorges et du convoi du commandant Prévost.

Au son du tambour la milice s'assembla. Elle était
composée de plusieurs centaines d'hommes probablement aussi inférieurs aux hommes indisciplinés
mais belliqueux de Bou-Maza, que ceux-ci l'étaient
à nos troupes réglées. C'étaient des gens qui étaient
venus à Ténez exercer de paisibles professions : maçons, menuisiers, jardiniers, marchands, et surtout
des débitants de liqueurs ; une partie étaient des
étrangers, Espagnols ou Italiens ; quelques-uns,
Français, avaient servi, mais se trouvaient confon-
dus avec cette foule dont un plus grand nombre ne
savaient pas seulement charger un fusil.

Ils étaient commandés par les principaux marchands de la ville qu'on avait nommés leurs officiers,
et qui n'en savaient pas plus qu'eux, à l'exception
de quelques-uns qui avaient pu se livrer quelquefois

au plaisir de la chasse. On les plaça sur trois des
côtés de la ville ; le quatrième, celui du nord, étant
défendu par la mer. De ces trois côtés, deux seulement, ceux du midi et du couchant, étaient garnis
de palissades ; celui du levant, escarpé et facile à défendre par sa position, avait été jugé n'avoir pas
besoin d'autre défense.

Les meilleurs défenseurs de la ville, peut-être les
seuls capables de la défendre, étaient quelques militaires qui s'y trouvaient en bien petit nombre : c'é-
tait une faible compagnie des chasseurs d'Orléans,
des ouvriers du train des équipages, et les condamnés aux travaux qu'on fut encore obligé d'ar-
mer. Il y avait aussi quelques artilleurs et sapeurs
du génie. On arma même les infirmiers de l'hôpital.

Danger à part, nous eûmes de la ville un fort
beau spectacle. Cette colline, qui est au sud du Vieux
Ténez, au sommet de laquelle est maintenant le
magasin de la smala, était le principal théâtre du
combat. Les crêtes en étaient couronnées par la cavalerie du schérif. Sur le versant, qui nous faisait
face, on voyait les combattants du Vieux Ténez se
battre en tirailleurs en se repliant sur leur ville, et
leurs ennemis, également en tirailleurs (car ils ne
savent pas combattre autrement), décharger leurs
fusils, s'arrêter pour les charger de nouveau, puis
s'élancer en avant, les décharger encore et s'appro-

cher de plus en plus de la Vieille Ville qui, évidemment, devait succomber si elle n'était pas secourue. Ce n'est pas avec ses mauvais remparts en ruines qu'elle aurait pu arrêter un nombre d'assaillants bien supérieurs à ceux qe'elle pouvait leur opposer.

Nous étions sur le point de la voir succomber, et nous frémissions à la pensée du massacre sous nos yeux de toute cette population. Bou-Maza n'avait pas pour habitude de faire quartier à ceux qui lui résistaient. On s'étonnait de l'inactivité de la garnison lorsqu'enfin on entendit le bruit du canon.

Voici ce qui s'était passé :

Le chef du bureau arabe, le capitaine Lapasset, qui, par la nature de ses fonctions, était l'officier qui avait le plus de rapports avec les indigènes, s'était rendu chez le commandant supérieur du cercle, le lieutenant-colonel Claparède, pour le décider à secourir ces pauvres gens. Le lieutenant-colonel lui opposait sa grave responsabilité. Son premier devoir était de préserver le Ténez français, seul port de mer de la subdivision, seule localité d'où la subdivision pouvait recevoir facilement des approvisionnements, et dont la perte serait désastreuse pour toute la vallée du Chélif.

C'étaient sans doute de puissantes raisons.

Mais quel malheur, quelle honte de laisser égorger sous nos yeux des gens qui se battaient pour nous sans faire une tentative pour les secourir! lui disait le capitaine, ce serait nous perdre de réputation dans toute l'Algérie. Ce vieux Ténez nous servait de poste avancé, pouvait être regardé comme un ouvrage de défense pour le Ténez français, et nous mettre à couvert de ce côté. Connaissant parfaitement la manière de combattre des Arabes, il pouvait affirmer que le meilleur moyen à employer pour les tenir éloignés de nos maisons, était de les aller attaquer où ils étaient, en nous réunissant à ceux qu'ils avaient déjà en tête.

Cet avis généreux était sans doute le meilleur. Le commandant supérieur se laissa persuader, et se décida à faire sortir une pièce de canon. Ce fut le salut des Ténéziens. Le capitaine Lapasset se plaça sur la route, à la hauteur de la ville attaquée, prenant l'ennemi en flanc, à l'abri d'une petite élévation qu'on n'avait pas jugé à propos d'abattre quand on avait travaillé à la route. Elle fait un coude à cet endroit comme la rivière dont elle longe les bords jusqu'à la sortie des Gorges. Sur la rive droite de la rivière étaient les assaillants. Il fit soutenir la pièce de canon par les condamnés, et envoya le sergent-major Piazza avec quelques chasseurs d'Orléans sur le haut de la montagne que nous avions à notre droite pour la garder, et empêcher que les tirailleurs ennemis ne vissent nous attaquer par là. Sans cette précaution, on aurait pu, en traversant la rivière en amont, venir tirer sur nos canonniers et sur le peu de soldats qui les protégeaient.

Sur la route, jusqu'à Ténez, étaient échelonnés quelques petits détachements de chasseurs d'Orléans et d'ouvriers du train des équipages, placés là pour recevoir la pièce de canon et l'accompagner en bon ordre dans la ville si l'on se trouvait obligé de battre en retraite.

Elle était arrivée à propos. Les assaillants étaient déjà sur le bord de la rivière qui, du côté du sud par où ils venaient, baignent le pied des murs de Ténez, en les contournant au levant. Les défenseurs en avaient été refoulés dans ses murs délabrés, d'où ils tiraient des coups de fusil qui n'auraient pu les défendre longtemps.

Bou-Maza, en voyant arriver la pièce de canon, plaça des tirailleurs sur sa gauche, au versant de la montagne qui, de l'autre côté de la rivière, rive gauche, a vue sur la route dans sa longueur, pour de là tirer sur les canonniers et le détachement le plus avancé qui les protégeait. Il y eut échange de coups de fusil, et nous y eûmes un homme des condamnés blessé mortellement.

Cependant la distance était grande de ce côté; nos canonniers n'étaient pas bien en vue, et cet échange de coups de fusil ne pouvait faire grand mal ni aux uns ni aux autres.

Les bonnes dispositions prises eurent une entière réussite. Les canonniers purent, sans être trop inquiétés, lancer des obus et de la mitraille sur ceux des ennemis qui touchaient presque aux remparts, et porter au milieu d'eux le trouble et l'indécision. Leur vive attaque en fut arrêtée. Bientôt après, Bou-Maza fit sonner la retraite. Nous vîmes ses gens se retirer et disparaître derrières ces collines d'où ils étaient descendus.

Je me trouvais alors à causer avec le lieutenant Boissière qui, avec une douzaine de chasseurs d'Orléans, formait un de ces petits détachements dont j'ai parlé comme étant échelonnés sur la route. Nous entendîmes parfaitement le clairon de Bou-Maza, qui devait être sonné par quelque Français prisonnier ou transfuge. On aurait dit un de nos corps qui sonnait la retraite.

Or, voici comme je me trouvais avec le détachement commandé par le lieutenant Boissière.

Je ne faisais point partie de la milice : j'étais donc libre de me transporter où il me plaisait. Au premier coup de canon, j'étais sorti de Ténez pour aller au lieu d'où il tirait, armé de deux pistolets à ma ceinture et d'un sabre. Malheureusement je fus suivi par quelques miliciens, soldats autrefois, et encore

désireux de brûler quelques amorces. Me voyant
sortir, ils s'étaient imaginés qu'ils pouvaient en faire
autant. A moitié chemin, nous trouvâmes le commandant supérieur escorté de la milice à cheval.
C'étaient une douzaine de jeunes gens à qui leurs
moyens pécuniaires avaient permis de se munir d'un
cheval et d'un uniforme. Ils formaient la seule cavalerie que nous eussions dans ce moment dans la
ville. Il faut avouer qu'à l'exception de deux ou trois
anciens cavaliers, ils ne conservaient pas trop bien
leur aplomb sur leurs chevaux, ce qui, joint au salut qu'ils faisaient à chaque balle qu'ils entendaient
siffler dans les airs, ne leur donnait pas un aspect
fort redoutable. Le commandant supérieur nous demanda d'un air sévère où nous allions. Des miliciens
lui répondirent qu'ils allaient essayer de tirer quelques coups de fusil ; sur quoi le commandant leur
ordonna de retourner à leur poste. Moi qui n'avais
ni poste ni fusil, j'étais resté à tenir compagnie à
M. Boissière, qui était près de là, sans cependant
transgresser la défense d'aller plus loin.

C'est là que je fus accosté, à la fin du combat, par
un sous-aide qui venait d'être requis d'aller soigner
quelques blessés au vieux Ténez, et qui m'engagea
à l'accompagner dans ses visites, ce que je fis avec
plaisir.

Pendant le combat, un groupe de cavaliers ennemis avait tourné le vieux Ténez, et était venu jusqu'au cimetière maure pour examiner ce côté est de la ville française, qu'aucune palissade ne défendait. Ils avaient rebroussé chemin en voyant charger, certainement à leur intention, la pièce de canon que nous avons dit être toujours braquée contre le vieux Ténez, et dont ils ne se trouvaient pas à plus de cinq cents mètres. Bou-Maza faisait partie de ce groupe. Je vois dans la relation de son kalifat Ben-Gobli que son beau cheval gris de fer fut blessé dans cette journée. Celui de Ben-Henni le fut aussi.

Repoussé de Ténez, le schérif entra dans les Beni-Hidjas, où il reçut des diffas et des chevaux de gada. Il nomma des kaïds et des chirqs aux tribus et fractions de tribus de ces montagnes.

Le colonel de Saint-Arnaud arriva le 20 novembre, à la fin de la journée, venant des Flittas. Il fit des razias sur les tribus de l'ouest de Ténez dont tout le cercle était soulevé. Il comptait entrer dans le pays des Béni-Hidjas quand il aurait eu pacifié cette partie de l'ouest. Il n'en eut pas le temps. Le 24 novembre la nouvelle de la réapparition d'Abd-el-Kader dans le sud, et près de Tiaret, le fit aller en toute hâte à Orléansville pour couvrir ce pays et la plaine du Chélif.

Il y fut occupé à poursuivre des schérifs qui poussaient, dit-il dans ses lettres, comme des champignons : c'étaient *Mohamed-Bel-Kassem, Bou-Ali, Ali-Chergui, Bel-Bey.* Il tua *Ali-Chergui* chez les *Medjajas,* et *Bou-Ali* chez les *Beni-Derdjin.*

Mais enfin, le 9 décembre, il put être de retour à Ténez, il y fit ses préparatifs pour entrer chez les *Beni-Hidjas.* En venant à Ténez, il avait passé dans la partie Ouest du cercle, et y avait fait beaucoup de mal aux insurgés. Il espérait que les coups vigou-reux qu'il venait de leur porter, à la suite de tant d'autres, y auraient ramené l'ordre.

En conséquence il pensa qu'il pouvait se retour-ner contre les Beni-Hidjas. Le 14, il partit de Ténez à leur intention. Il avait fait déjà deux lieues dans leurs montagnes avec la colonne destinée à les punir, lorsqu'il reçut la nouvelle qu'Abd-el-Kader entrait dans l'Oouersenis ; que l'aga d'Orléansville, *Djellali-Ben-Scha,* avait passé à l'ennemi, et que l'autre aga de la subdivision allait en faire autant.

Il fit aussitôt tête de colonne à droite, et arriva le soir à Orléansville, après avoir fait treize lieues d'une traite, les soldats ayant sept jours de vivres dans leur sac.

Son premier soin fut de faire arrêter l'autre aga qui trahissait aussi. Il entra de nouveau en campa-gne pour observer Abd-el-Kader, et l'attaquer si l'occasion se présentait.

Ainsi c'était la troisième fois que des circonstances étrangères aux Beni-Hidjas, les sauvaient de la colère du colonel de Saint-Arnaud. C'est à un autre qu'était réservée leur punition.

Mais nous dirons succinctement comment les choses se passaient chez ces intraitables Beni-Hidjas qui profitaient, pour ne pas se rendre, des continuelles diversions qui appelaient ailleurs le colonel de Saint-Arnaud au moment où il se disposait à pénétrer chez eux.

Le gros de leurs populations ensemençait ses champs; mais Ben-Henni et Bel-Kassem, son beau-frère, avaient toujours à leur disposition une troupe de gens avec lesquels ils pillaient ceux qui leur paraissaient faiblir dans le soutien de leur cause. Ils nous donnaient des inquiétudes continuelles pour nos convois qu'il nous fallait faire accompagner par de fortes escortes qui fatiguaient nos soldats. Les tribus étaient maintenues sous leur domination autant par la terreur qu'ils inspiraient que par leur aversion pour le nom chrétien. Enfin ils étaient venus faire des razias jusqu'à un kilomètre de Ténez. L'arrivée même du général Coman avec une forte colonne d'environ trois mille hommes ne put les réprimer. Il est vrai que ce général n'eut que peu de jours à rester. L'insurrection grandissait, et menaçait nos établissements de la plaine de la Mitidja. Les principales forces disponibles devaient en toute hâte se porter de ce côté.

Le général Coman, en se portant d'Orléansville à
Ténez, avait, chemin faisant, razié, les 21 et 22, les
Beni-Madouns et les Heumis qui se trouvaient sur
son passage, et était entré à Ténez le 24 au soir,
jour du départ du colonel de Saint-Arnaud, rappelé,
avons-nous dit, à la défense de sa subdivision qu'Abd-
el-Kader menaçait au Sud. Il avait lui aussi couru
au danger le plus pressant.

Le général ne put donner que peu de jours à la
sûreté du cercle de Ténez, appelé ailleurs par des
affaires plus pressantes.

Au sujet du séjour de sa colonne à Ténez, je rap-
porterai ici une déception toute militaire, pour prou-
ver combien sont chanceux les événements de la
guerre, et surtout combien sont difficiles à conduire
les marches de nuit qui d'ordinaire précèdent les
razias.

Le chef du bureau arabe, renseigné par ses cou-
reurs, avait appris que Ben-Henni et Bel-Kassem se
trouvaient avec une partie de leurs contingents à la
tête de l'Oued-Boucherat, près du marabout de Sidi-
Bouissi. Il y avait quatre lieues à faire pour s'y rendre; les sentiers qui y conduisaient étaient horribles,
il est vrai, mais avec du temps et de la persévérance,
on pouvait arriver avant le jour, et surprendre l'ennemi qui s'y gardait mal.

Le général qui ne connaissait pas cet affreux pays,

jugea que partir à six heures, comme on le lui disait, pour faire quatre lieues, et n'arriver que sur les cinq à six heures du matin, ce serait fatiguer inutilement les soldats. Il craignit qu'il n'y eût un peu d'exagération dans ce que lui disait le chef du bureau arabe sur les difficultés du chemin à parcourir. Il ne donna l'ordre du départ que pour dix heures.

A l'heure ordonnée la colonne partit, le chef du bureau Arabe en tête avec ses Mokrazenis, pour servir de guides. Au bout d'une heure ou deux le général lui envoya l'ordre de ralentir son pas attendu que la colonne ne pouvait suivre. Peu après le même ordre fut répété. Cependant la tête de la colonne composée des Mokrazenis et de leurs chef allait à un pas excessivement modéré ; mais voici ce qui était arrivé :

Les soldats avaient su qu'ils ne devaient partir qu'à dix heures du soir. Ils n'avaient pas jugé à propos de se coucher pour deux ou trois heures de sommeil, et avaient passé leur veillée, en attendant l'heure du départ, à des conversations entre camarades, auxquelles, bien entendu, le verre ne faisait pas défaut. Il en était résulté qu'une partie d'entre-eux avait les jambes avinées. Qu'on les voie après cela dans des sentiers de rudes montagnes, au milieu d'une nuit de fin de novembre, et qu'on juge de ce qui devait arriver! sept heures de jour auraient à peine suffi pour que toute une colonne fît les quatre lieues de pareils chemins : mais la nuit, avec des soldats dont un certain nombre faisaient souvent des chutes, c'était impossible. Enfin, vers six heures du matin, au moment où l'aube commençait à paraître, on n'avait fait qu'une lieue et demie. Le général aperçut le minaret de la mosquée du vieux Ténez qui blanchissait à l'horizon. Ce fut le signal de la rentrée, et, sans bruit, chacun courut après un repos que pour cette fois il n'avait guère mérité.

Cette marche me rappelle celle aussi fantastique d'une colonne commandée par le colonel de la Torre, en 1843.

On avait marché tout le jour. Il fallait cependant atteindre l'ennemi avant qu'il connût notre proximité. En conséquence après le repas du soir et quelques heures seulement de repos, ordre fut donné de partir. La nuit était noire : comment faire pour que personne ne s'égarât? Chaque soldat s'attacha par un bout de ficelle à la capote de celui qui le précédait. La fatigue, la monotonie de la route fermèrent bien des yeux; il faut le croire du moins, puisque, le jour arrivé, et au moment où l'on se croyait près de l'ennemi, on se trouva presque au point du départ. La colonne, sans s'en douter, avait tourné autour d'un bois auprès duquel on se trouvait.

Après le départ du général Coman et de sa troupe, Ben-Henni et Bel-Kassem qui s'étaient tenus *cois* pendant leur séjour à Ténez recommencèrent à inquiéter les quelques alliés qui nous restaient, et à couper la route de Ténez à Orléansville, notamment aux abords de la première de ces deux villes. Il était difficile de les atteindre, se trouvant tantôt sur un point, tantôt sur un autre. D'ailleurs la garnison était réduite à un seul bataillon, le cinquième chasseurs d'Orléans, ce qui ne pouvait suffire à garder la ville et à parcourir les montagnes.

Une nuit, vers une heure du matin, le chef du bureau Arabe fut éveillé par un de ses espions qui vit encore, le nommé *Mohamed-Ben-Aïchouche,* qui lui apprit que les deux chefs avaient établi leur camp au fletta des Maïns, près de l'endroit où se sont établies plus tard les mines de cuivre à *Boucandac.* Leur intention était sans doute d'effectuer le lendemain dans les environs quelqu'un de leurs coups habituels. Se lever, éveiller le lieutenant-colonel de Canrobert, qui venait de remplacer dans le commandement du cercle le lieutenant-colonel Claparède malade, courir à la caserne, mettre le bataillon sur pied, ce fut l'affaire d'une demi-heure.

On partit. On arriva avant le jour près du camp ennemi. Les premières lueurs de l'aube parurent bientôt, et l'on vit les Kabyles se lever : leurs om-

bres se dessinaient devant les feux qu'ils rallu-
maient. A cette vue, le lieutenant-colonel s'écria :
En avant! et, lançant son cheval, attaqua avec impétuosité. Les Beni-Hidjas ne se défendirent même
pas. Ils se sauvèrent de tous côtés, gravissant leurs
montagnes par des sentiers de chèvres. Une vingtaine seulement tombèrent sous nos coups. S'ils
avaient résisté quelque peu, ils auraient probablement tous été détruits, tant étaient grandes leur confusion et la vivacité de l'attaque.

Mais, sans nous arrêter plus longtemps à ces détails, parlons de la mémorable expédition de la colonne Canrobert que permirent de faire quelques
renforts reçus, laquelle amena d'abord la soumission définitive des Beni-Hidjas, et, en second lieu,
celles de toutes les tribus qui se trouvent à l'ouest de
Ténez.

CHAPITRE IX

Colonne du lieutenant-colonel de Canrobert.

Nous avons dit que le soin de châtier les Beni-
Ilidjas plus efficacement qu'ils ne l'avaient encore
été, appartenait à un autre que le colonel de Saint-
Arnaud, toujours détourné de ce soin. Nous avons
voulu parler du lieutenant-colonel de Canrobert,
qui, vers la fin de novembre, avait remplacé le lieutenant-colonel Claparède au commandement supérieur du cercle de Ténez.

En effet, les réapparitions continuelles de Bou-
Maza dans l'Ouest, ou celles d'Abd-el-Kader dans
l'Ouersensis, entraînaient constamment le colonel
de Saint-Arnaud du côté opposé à cette tribu. Le
lieutenant-colonel de Canrobert s'était vu dans l'o-
bligation de coopérer aux mouvements du colonel;
mais, vers le 15 décembre, deux bataillons que le
colonel lui avait laissés, réunis à ce qu'il avait de

disponible à Ténez, lui donnèrent les moyens de former une petite colonne d'environ douze cents hommes, avec laquelle il se crut assez fort pour aller attaquer dans leurs montagnes, ces hommes si difficiles à dompter.

Il profita de l'occasion d'un convoi venant d'Orléansville qui devait arriver le 15 à Ténez. Il sortit avec la colonne pour le protéger dans sa marche. Il se plaça sur un contrefort des *Amarouas* avec la plus grande partie de ses forces, et y soutint une vive attaque des Kabyles, commandés par Ben-Henni et Bel-Kassem, tandis qu'une escorte de deux cents zouaves faisait entrer le convoi dans la ville à l'abri de tout trouble.

Mais lorsque le convoi eut été mis en sûreté; qu'il n'en eut plus le souci, alors il passa de la défensive à l'offensive. Par ses ordres, les positions de l'ennemi furent enlevées; plusieurs beaux villages des insurgés furent brûlés; après quoi l'on reprit le chemin de Ténez.

Les Kabyles se jetèrent sur l'arrière-garde, suivant leur habitude. Ce ut pour leur malheur. Le chef de bataillon d'Aurelle, qui la commandait, leur fit éprouver des pertes considérables, en ne perdant lui-même que trois hommes tués et treize blessés, au nombre desquels se trouva le sous-lieutenant Verdun.

Le lieutenant-colonel avait résolu de les soumettre

entièrement. Ils auraient toujours pu inquiéter les fractions des tribus soumises, les convois venant d'Orléansville, ou y allant. Sans leur soumission totale, la colonne n'aurait pu se porter dans l'ouest, où Bou-Maza était toujours à craindre.

Aussi, il rentra de suite dans leur pays et y porta la dévastation, malgré leurs attaques toujours repoussées. La rapidité et le succès de son invasion furent telles, que les deux chefs, Ben-Henni et Bel-Kassem, voyant que la résistance n'était plus possible, et craignant d'être livrés par les leurs aux Français, quittèrent le pays et allèrent rejoindre Bou-Maza dans l'Ouest.

Plusieurs tribus de ces montagnes suivirent alors l'exemple de celles qui s'étaient déjà rendues. On fit des courses jusqu'à l'extrémité du cercle dans l'est, et tous se soumirent. On put, le 15 janvier, être rentré à Ténez et s'y reposer jusqu'au 21 qu'on reçut du colonel de Saint-Arnaud l'ordre de se porter dans l'ouest pour y paralyser l'influence de Bou-Maza sur certaines tribus.

A partir de ce moment, on respira librement dans Ténez, et on eut lieu de croire que, de longtemps, on n'entendrait plus de l'intérieur des remparts le bruit des coups de fusil.

C'est dans ce mois de janvier 1846 qu'arriva la promotion du sergent des carabiniers Lajus comme chevalier de la légion d'Honneur. C'était un de mes abonnés au cabinet de lecture. J'aimais, lors de ses séjours à Ténez, à le faire causer sur les expéditions qu'il venait de faire. Il m'avait raconté comment il avait gagné sa croix. C'était d'une manière assez dramatique pour que j'en fasse mention ici.

Dans un de nos fréquents combats avec les indigènes, il avait dépassé la ligne des tirailleurs dans l'intention de se distinguer par quelque coup d'éclat, lorsque tout à coup cinq Arabes, la crosse en l'air, s'élancent sur lui d'un taillis où, après avoir déchargé leurs fusils, ils s'étaient réfugiés dans l'intention de les recharger. Il en tue deux de deux coups de baïonnette; un troisième tombe frappé d'un coup de sabre; les deux autres s'enfuient. Tout étourdi encore du danger qu'il venait de courir, il lève la tête et regarde l'individu qui était venu à son secours si à propos : il reconnaît son chef de bataillon du 5e chasseurs d'Orléans, le commandant Canrobert, qui le reconnaît aussi, et qui lui dit : « Comment! c'est toi, Lajus? Pour cette fois, tu auras la croix, ou j'y perdrai mon nom. »

Le fait est d'autant plus croyable, que l'on sait que le commandant Canrobert se mêlait souvent aux tirailleurs en leur donnant des conseils sur la manière la plus avantageuse de se placer. Le hasard l'avait fait trouver près de là, lorsque ces cinq hommes avaient débusqué de leur cachette, et il avait lancé son cheval sur eux, fort heureusement pour Lajus.

Ce Lajus avait déjà reçu plusieurs blessures. Il en reçut plus tard une fort grave faite par une balle qui lui avait traversé la poitrine, et qui l'obligea d'aller prendre les eaux de Plombières, de manière qu'il ne put mettre sa croix sur sa poitrine que dans le mois de septembre, à son retour au corps. On m'a dit qu'il a été tué en Crimée, capitaine et officier d'ordonnance d'un général dont j'ai oublié le nom.

Quand je l'ai connu à Ténez, il était fort jeune et fort aimable.

Tout le monde sait que le maréchal de Canrobert était fort aimé de ses soldats dont il prenait le plus grand soin. Je puis dire aussi qu'il fut très regretté de la population de Ténez lorsqu'il nous quitta pour aller prendre le commandement d'un régiment.

Je n'ai pas la prétention d'écrire l'histoire des guerres de l'Algérie. Je ne m'occupe guère que de celles qui pouvaient compromettre le salut de Ténez et en intéressaient plus immédiatement les habitants. Les quelques faits que je vais raconter ne se sont pas passés trop loin de la ville, et l'ont délivrée des ennemis qui l'entouraient. D'ailleurs, je ne m'abstiendrai pas, si l'occasion s'en présente, de raconter quelques faits d'armes dont j'ai gardé souvenir. Il suffira que j'en connaisse parfaitement les détails pour que je ne sois pas exposé à faire du roman lorsque je ne veux dire que du vrai.

Nous avons dit que le 15 janvier le lieutenant-colonel Canrobert rentrait à Ténez avec sa colonne victorieuse, après avoir pacifié les tribus de l'est. Il fallait s'occuper maintenant de celles de l'ouest.

Ce fut le 21 janvier que le lieutenant-colonel sortit de la ville, avec une colonne d'un millier d'hommes, pour aller dans cette partie du cercle y châtier quelques tribus rebelles, comme l'avait prescrit le colonel de Saint-Arnaud. Il alla, le même jour, bivouaquer à *El-Adia*, sur l'*Oued-Allalah*.

Le lendemain, 22, il apprit par ses espions que Bou-Maza était occupé chez les Mediounas à rallier du monde. Or, il y avait plus près une fraction ennemie des *Sbéhas*, les *Mchaïas*, qui s'occupait de ses labours en pleine sécurité, croyant sans doute la colonne encore aux prises avec les *Beni-Hidjas*.

Le lieutenant-colonel venait de recevoir environ deux cent trente hommes du 58e de ligne, et se crut assez fort pour entrer dans l'intérieur du pays de cette tribu peu prévoyante, et la razier.

Le 23, il part de *Tedjena*, où il avait bivouaqué la veille, en laissant à la garde du camp le commandant Soumain avec le reste de la colonne, et ne prenant avec lui que la cavalerie et cinq cents hommes sans sacs. Ils arrivent au point du jour à l'entrée de

la vallée habitée par les Mchaïas sans avoir été si-
gnalés. La cavalerie française et le goum arabe se
portent, en suivant les hauteurs, sur le point de la
vallée qui offrait seul un passage pour ceux que
l'infanterie pousserait devant elle, tandis que l'infanterie, se déployant en tirailleurs, occupe toute la
largeur de la vallée. Les Arabes, surpris, veulent
fuir par le passage accoutumé, et y trouvent la cavalerie qui les sabre. Plus de cent cinquante sont cou-
chés sur le carreau.

Les soldats rentrent au camp à neuf heures et
demie du soir, avec un butin considérable pour
chacun d'eux, et conduisant, en outre, un troupeau
nombreux, les femmes et les enfants de la tribu.

Le lendemain, ces prises furent conduites au chef-
lieu, Orléansville, par les chasseurs à cheval de
France et le détachement du 58e.

La colonne se trouva ainsi fort réduite et ne
compta plus qu'environ neuf cents hommes. Elle
était commandée par le chef de bataillon Soumain,
qui remplaçait momentanément le lieutenant-colonel
Canrobert, parti pour Orléansville, où il avait conduit les nombreuses prises faites sur les Mchaïas.

Le jour suivant, quoique si affaiblie, la colonne se
porta à *Sidi-Abed*, et soumit les *Babjas*, qui s'empressèrent d'amener les chevaux de Gada en implo-
rant l'aman..

Le commandant, rentré dans son camp, comprit, à certains indices, que le chérif, qu'on disait à la tête de forces nombreuses, avançait de son côté. Même après la razia faite sur les Mehaïas, notre arrière-garde avait eu à échanger des balles avec des cava·liers, dont la présence annonçait que le chef ne de·vait pas être loin, et dont l'assurance indiquait qu'ils se sentaient soutenus. N'ayant qu'une faible colonne qui n'aurait pu résister en rase campagne aux forces considérables que le bruit public donnait à l'ennemi, il jugea prudent de rester enfermé dans son camp jusqu'à ce qu'il eût été renforcé par les détache·ments revenus d'Orléansville.

Il y resta toute la journée du 28. L'ennemi profita de cette inaction pour se répandre dans la campagne et mettre tout à feu et à sang. Ceux qui, échappés aux massacres, avaient pu se réfugier au camp, se plaignaient de ce qu'on laissait égorger des gens qui avaient compté sur notre protection.

Pour s'assurer des forces de l'ennemi et faciliter la retraite de ceux qui se sauvaient, une reconnais·sance fut décidée, et le lendemain, 29 janvier, sortit du camp le chef du bureau arabe, capitaine d'état-major Lapasset, à la tête de dix cavaliers arabes et quatre-vingt-dix-neuf fantassins, en tout *cent neuf* hommes.

Le capitaine, avec le faible détachement qu'il

commandait, précédé de ses cavaliers arabes ou Mokrazenis, s'avança vers l'*Oued-Ben-Salem*, sur la
rive droite duquel se montraient quelques Arabes.

Il était déjà à cinq kilomètres environ du camp,
lorsqu'un de ses cavaliers, Amar, vint l'avertir
qu'une force très-considérable était cachée au fond
d'un ravin au-dessus duquel ils se trouvaient. Il le
mena auprès d'un fourré d'où il pouvait s'en assurer par lui-même.

Aussitôt le capitaine arrête sa troupe, et, persuadé
qu'il va être attaqué, commence ses dispositions de
défense. En effet, Bou-Maza, car c'était bien lui avec
une force considérable, jugeant, par les dispositions
de défense qu'il voit faire, qu'il est découvert,
s'élance avec son infanterie et sa cavalerie.

Le capitaine achevait à peine de placer ses hommes, lorsqu'il fut attaqué avec impétuosité. Malheureusement un sergent, chargé avec vingt hommes de
la défense du seul endroit accessible à la cavalerie,
quoique difficile, se laisse troubler par l'impétuosité
de la cavalerie qui le chargeait, et laisse ses hommes
se débander. En un moment cette cavalerie arrive
sur le plateau comme un ouragan.

Le gros de la troupe, qu'on n'avait pas eu le
temps de former en carré, se concentre en cercle.
Le capitaine Esmieu, élevant en l'air son képi sur la
pointe de son sabre, rallie à lui la plus grande par-

tie des chasseurs à pied. Une section de ces chasseurs, sous les ordres d'un jeune officier, M. Lechesne, sorti depuis peu de l'école, fait un feu terrible de la position où il avait été placé pour protéger la retraite. Il y eut un moment de confusion épouvantable, au point que le capitaine Lapasset, croyant reconnaître un de ses cavaliers qui tournait le dos à l'ennemi, se mit à lui crier : Un tel, où vas-tu? lorsque ce cavalier tomba frappé d'un coup de baïonnette qui, prenant dans un œil, lui traversa la tête. C'était *Ouled-Derbal*, le chef de la cavalerie ennemie.

Un porte-drapeau de Bou-Maza tomba, frappé d'une balle, à six pas du capitaine Esmieu, sur lequel il s'élançait; un autre prit sa place, et tomba aussi; un troisième eut le même sort, toujours en ramassant le drapeau. Telle était la rage de ces Kabyles, qui s'étaient crus sûrs du triomphe.

Cette sanglante mêlée nous coûta neuf chasseurs d'Orléans tués. Vingt-quatre sous-officiers et soldats furent blessés, dont plus de la moitié par le yatagan des cavaliers. Le capitaine Lapasset eut les rênes de son cheval coupées d'un coup de yatagan, et sa djebira trouée par une balle. Sans l'énergie des officiers, la valeur extrême des soldats et la présence d'esprit de son commandant, toute cette faible troupe aurait succombé devant une surprise et des forces de beaucoup supérieures en nombre. Mais elle resta maitresse du plateau après avoir tué beaucoup de monde à l'ennemi.

Bou-Maza perdit dans cette rencontre, outre beaucoup de cavaliers et de fantassins, son agha de la cavalerie, *Ouled-Derbal*, et le fameux *Ben-Henni*, ce chef des *Beni-Hidjas* qu'il avait soulevés contre nous : il avait été percé de plusieurs balles. D'après Beb-Gobli, Bou-Maza avait perdu douze de ses principaux chefs.

La reconnaissance, après avoir repoussé l'ennemi, fit sa retraite vers le camp sans être inquiétée davantage.

Le sergent qui avait faibli fut cassé. Le capitaine Esmieu eut la décoration sur le rapport que fit le capitaine Lapasset de sa conduite. Le jeune et brave officier Lechesne est aujourd'hui chef de bataillon.

Le soir de ce jour, le lieutenant-colonel Canrobert arriva au camp avec des renforts.

Le lendemain, au moyen de ce surcroît de forces, on put sortir du camp et aller à la recherche du schérif, qui avait reculé vers l'ouest, dans les montagnes des Chebebias. On le trouva, en sortant de la vallée des *Ouled-Sidi-Salem*, près du petit col qui donne passage dans celle des *Ouled-Sidi Brahim*.

Le lieutenant-colonel Canrobert mit pied à terre, et s'avança de sa personne autant que possible pour reconnaître la position et la force des ennemis. Ils étaient sur la rive droite de l'*Oued-Sidi-Brahim*. Un ravin et un espace de quatre cents mètres séparait les Kabyles fantassins, au nombre d'environ six cents, des cavaliers qui pouvaient être deux cents.

Le lieutenant-colonel fit ses dispositions en conséquence. Le difficile n'était pas de les mettre en fuite. Les Kabyles, quand ils ne sont pas assez forts, ont le pied agile dans leurs affreuses montagnes ; mais ils sont bientôt de retour pour attaquer de nouveau quand ils croient pouvoir le faire avec avantage. Il fallait les mettre hors d'état de fuir. C'est à cela que parvint en partie le lieutenant-colonel. Il put entourer cette infanterie, dont plus d'un tiers resta sur le carreau.

Bou-Maza resta tranquille spectateur de ce massacre, sans chercher à l'empêcher, jugeant peut-être qu'il n'en viendrait pas à bout, et voulant conserver ses cavaliers. Il se sauva avec eux en remontant l'Oued-Sidi-Ibrahim (Zemboudje).

Le lendemain, 31, la colonne alla prendre position à la tête de l'*Oued-Dalhia*, après avoir remonté l'*Oued-Zemboudje* et passé à *Sidi-Abed*. Pendant cette marche, bon nombre d'indigènes venaient protester de leur dévouement, et affirmer que le schérif, abandonné d'une grande partie des siens, s'était retiré entre les *Cheurfas* et les *Achachos*, le pays le plus difficile du Dahra.

Au moment où la colonne arrivait sur l'*Oued-Dahlia*, son commandant recevait une dépêche du colonel de Saint-Arnaud, qui lui recommandait d'amuser le schérif devant lui pendant qu'il se porterait sur ses derrières pour le mettre entre deux feux.

Il n'était plus temps.

Les quelques jours suivants ne furent remarquables que par la prise des femmes et des enfants de *Ben-Henni*, qui se fit dans une razia vers la guetta des *Ouled-Jounès*. Elles étaient jeunes et belles. La garde en fut confiée au chef du bureau arabe, dont les soins et la conduite réservée ne furent pas perdus pour la cause française. En pareil cas, les Arabes ne respectent rien. Une opposition aussi flagrante avec les mœurs du pays amena la soumission entière des *Beni-Hidjas* qui remuaient encore. On ne pouvait attendre moins d'un officier français. Cependant, comme le capitaine, homme à la fleur de l'âge, pouvait se défier de lui-même, ce qui est toujours très-prudent, il avait eu le soin, pour surcroît de précautions, de faire dans sa tente deux compartiments séparés l'un de l'autre par le moyen d'un *haïc* placé au milieu, faisant rideau. De plus, un factionnaire était toujours placé à l'entrée de la tente.

Par suites des diverses opérations que nous venons de raconter, la ville de Ténez eut ses coudées franches, et fut délivrée de ses appréhensions. Elle peuvait se mouvoir à droite et à gauche, à l'ouest et à l'est. Du côté du sud, se trouvait Orléansville, à cinquante-deux kilomètres, il est vrai ; mais c'était la partie du pays la plus facile à défendre. Elle était parcourue constamment par des convois et leurs escortes.

Ténez était dégagé. Le lieutenant-colonel Canrobert, qui n'avait qu'une colonne de neuf cents hommes, ne pouvant guère s'aventurer au loin avec si peu de monde, se contentait de surveiller le cercle de Ténez, placé sous son administration immédiate. Il organisait les smalás des tribus soumises lorsque, le 13 février, sur les neuf heures du matin, il reçut trois cents hommes qui lui arrivaient d'Orléansville.

Il put alors, avec ce surcroît de forces, faire quelques entreprises qui, sans cela, auraient paru téméraires.

La grande tribu des Mediounas donnait une aide puissante à Bou-Maza en lui fournissant des vivres et des combattants. Quoiqu'elle fût comprise dans la subdivision de Mostaganem, le lieutenant-colonel jugea à propos de l'attaquer, soit pour priver Bou-Maza des ressources qu'elle lui procurait, soit pour éloigner les hostilités des frontières du cercle qu'il administrait.

Il commença par débloquer la ville de Mazouna

qui était fort resserrée par ses voisins, et sur le concours de laquelle il comptait pour faciliter ses opérations, et les rendre ainsi plus désastreuses pour l'ennemi. Arrivé à neuf heures du matin, il plaça son camp au nord-est de la ville, et fit partir pour les Mediounas les deux tiers de ses hommes avec l'artillerie et la cavalerie. Huit cents Mazouniers environ les suivirent, désireux de se venger d'attaques continuelles, et alléchés sans doute aussi par l'espoir du pillage. On brûla les habitations et les beaux vergers des Mediounas, et surtout de la fraction des *Mazis ;* on vida des silos d'orge et de blé ; la cavalerie enleva de la paille, et la colonne reprit ensuite le chemin du camp.

Pendant qu'elle était occupée de ces dévastations, des groupes arabes se réunissaient de tous côtés, et formèrent enfin une masse imposante qui attaqua la colonne qui se retirait. Une vive fusillade s'engagea à l'arrière-garde. Les deux compagnies qui la formaient abusèrent de leurs cartouches ; elles commençaient à en manquer, et leurs feux s'en ressentirent. Les Arabes s'en aperçurent, se précipitèrent sur elles, et cherchèrent à les entourer sur un petit plateau de la rive droite de l'*Oued-Tancer.*

Le lieutenant-colonel avait sous sa main trente chasseurs à cheval et vingt-cinq Mokrazenis du capitaine Lapasset. Il s'approcha de celui-ci et le lança,

à la tête de ces cavaliers, sur l'ennemi qui, pris d'é-
charpe, et attaqué avec furie, fut roulé sous les pieds
des chevaux. Nos tirailleurs, dégagés, rejoignent le
gros de la colonne, et aussitôt le capitaine Lapasset
commande de rentrer au galop. Le but était atteint;
notre arrière-garde était dégagée par ce coup de vigueur, et il aurait été absurde de se faire fusiller
sans fruit par plusieurs centaines d'Arabes revenus
de leur surprise.

Cette charge impétueuse, qui n'eut presque que la
durée d'un éclair, tua quinze hommes aux Arabes,
dont trois le furent de la main du capitaine Lapasset, comme le dit le lieutenant-colonel Canrobert
dans son journal. C'est en enfonçant son sabre dans
la poitrine du troisième qu'il en recevait à bout portant un coup de fusil qui lui faisait deux blessures
à la main droite, l'une par la balle et l'autre par la
poudre.

Ici je me trouve amené invinciblement à quelques
réflexions qui n'ont pas grande valeur, sans doute,
de la part d'un homme qui n'a servi que fort jeune,
dans un âge où il ne pouvait guère comprendre l'art
militaire.

Cette impétuosité d'attaque qui fait qu'un officier
tue trois adversaires à lui seul sur quinze qui suc-
combent, aidé probablement en cela par la vitesse
d'un bon cheval qui le fait arriver le premier, pour-

rait-elle réussir aussi bien dans une guerre contre des troupes d'Europe? Les Arabes sont belliqueux, mais ils combattent sans ordre. On conçoit alors comment la *furia francese*, lancée au milieu d'eux, y jette le désordre au point que des coups de fusil, tirés à bout portant, manquent la poitrine et ne touchent que la main qui tient le sabre. On conçoit comment cette *furia*, sabrant à droite et à gauche, met hors d'état de se défendre des hommes qui n'ont pas de baïonnettes au bout de leurs fusils. Nous pourrions citer une foule d'exemples où cette impétuosité a réussi et devait réussir mieux que des attaques moins décidées. Nous avons vu dans les lettres de M. le maréchal de Saint-Arnaud que, plusieurs fois ajusté à bout portant, il n'a été que légèrement atteint, ou même pas du tout.

N'y a-t-il pas une grande différence dans l'attaque sur des troupes européennes? Après l'artillerie et la mousqueterie on trouve des lignes serrées de baïonnettes qui se soutiennent les unes les autres, et qu'il est difficile de traverser. La discipline des troupes leur permet de résister à l'impétuosité d'une attaque. C'est ainsi que dans les anciens temps, avant même que l'on connût les redoutables armes de défense des temps modernes, des corps de fantassins bien disciplinés ont pu résister à cette furie française qui nous a été si funeste dans les champs de Poitiers, de Crécy, d'Azincourt et autres. Nous pourrions même, dans ce siècle, citer des batailles compromises par trop d'ardeur. Mais... *non renovare dolorem.*

Ces réflexions peuvent-elles avoir quelque utilité? sont-elles fondées? Nos officiers, aussi instruits que vaillants, savent la différence qui existe entre des troupes pleines de courage, mais indisciplinées, et des troupes que la discipline unit et retient à leur poste, qui peuvent opposer à toute attaque des lignes impénétrables d'armes terribles. Ils savent que la science des manœuvres est aussi puissante que la valeur.

A l'appui de ces paroles, nous pouvons rappeler le beau combat du 29 janvier que nous avons raconté. L'attaque des Arabes, quelque impétueuse qu'elle eût été, était venue échouer contre la discipline d'un petit nombre d'hommes qui avaient été surpris, et leur coûta leurs plus braves guerriers.

Après ce dernier combat du 15 février, on continua de faire des razias sur les Médiounas et autres tribus rebelles. On était accompagné par un millier de Mazouniens, qui trouvaient fort commode de s'enrichir par le pillage, à l'abri de nos baïonnettes. Le lieutenant-colonel pensait que Bou-Maza était devant lui, et il se tenait tout-à-fait sur ses gardes, comme toujours d'ailleurs, pour se garantir des entreprises de ce hardi partisan, lorsqu'il apprit que celui-ci venait de faire un coup de son métier.

Il s'était porté rapidement sur les derrières de notre colonne, et avait cherché à enlever la smala des *Mtelassas* qui l'avait repoussé. Il s'était alors rabattu sur celle à peine ébauchée des *Ouled-Abdallah*, et l'avait dispersée, après quoi il était revenu dans les *Ouled-Riah*. En vingt heures il avait fait vingt-huit lieues, en accomplissant ou essayant d'accomplir les attaques mentionnées.

Cependant il ne pouvait plus se maintenir dans le Dahra, en présence de la colonne du lieutenant-colonel Canrobert, et il prit le parti, avec *El-Azari*, aga de l'émir *Abd-el-Kader*, de se porter sur la rive gauche du Chélif pour s'y réunir à *El-Hadje-Seguir*, autre lieutenant de l'émir. Le pays se trouva tranquille par suite de son éloignement, et la colonne rentra à Ténez, où elle arriva le 4 mars, pour y prendre un repos qu'elle avait bien gagné.

Ce repos ne fut pas cependant de longue durée; car le lendemain, à midi et demi, elle sortait de nouveau de Ténez par une pluie battante, sur l'ordre du colonel de Saint-Arnaud, qui annonçait en même temps que Bou-Maza avait reparu sur le bas de *l'Oued-Isli*, d'où il menaçait Orléanville et le

Dahra, pays dégarni de troupes dans ce moment. Le colonel avait été obligé de se porter dans le Sud pour y châtier quelques tribus. Il annonçait qu'il revenait, lui aussi, vers les lieux où se trouvait Bou-Maza, dans l'intention de le mettre entre deux feux.

Mais ils ne réussirent pas en cela : les deux colonnes firent leur jonction le 10. Ce ne fut que le 15 qu'elles purent atteindre l'agile schérif.

C'était dans les *Mediounas*. Bou-Maza avait masqué une partie de ses forces, et se montrait devant la colonne seulement avec quelques groupes. Le colonel de Saint-Arnaud donna l'ordre au bataillon des zouaves d'enlever leur position. Il envoyait en même temps sa cavalerie faire l'éventail dans la plaine, pour ramasser les quelques cavaliers qui se montraient, et les rejeter sur lui-même, qui s'avançait au centre avec le cinquième bataillon des chasseurs d'Orléans.

Tout à coup cette cavalerie, en très-petit nombre et très-fatiguée, se trouve chargée par six cents Kabyles et quatre cents excellents chevaux que Bou-Maza démasque. Néanmoins elle soutient le choc. Le colonel, qui voit le danger, s'élance vers elle au galop, en avant de ses pauvres chasseurs d'Orléans qui suivent comme ils peuvent, hors d'haleine. Le colonel arrive, et se trouve enveloppé d'ennemis.

Mais, enfin, cavaliers et chasseurs d'Orléans finissent par l'emporter, et les ennemis prennent la fuite. Dans cet endroit, le capitaine Fleury, des spahis, eut son troisième cheval tué sous lui de l'année.

Le lieutenant-colonel Canrobert, de son côté, à la tête des zouaves et de deux compagnies de chasseurs d'Orléans, avait péniblement gravi, à cause de la difficulté du terrain, cette montagne où se trouvaient les forces visibles de Bou-Maza. Il avait emporté les positions, et avait refoulé l'ennemi sur les pentes de *l'Oued-El-Kramis* et des *Ouled-Riak*.

On revenait au camp après ce brillant combat, lorsque l'ennemi reparut en partie, et, suivant son usage, se jeta sur l'arrière-garde. Il fut vigoureusement repoussé par des compagnies de zouaves et du cinquième bataillon des chasseurs d'Orléans.

On croyait que tout était fini. On se trompait.

On venait d'arriver dans la plaine des Ouled-Morelaz. Voilà que plusieurs groupes de beaux cavaliers arabes paraissent, et viennent s'engager contre une compagnie de zouaves, et les carabiniers, cinquième d'Orléans, qui couvraient la queue et le flanc gauche de la colonne en marche vers le camp : mais bientôt ils tourbillonnent et disparaissent. Bou-Maza, qui était dans un de ces groupes, venait d'avoir le bras cassé par la décharge de ces braves soldats.

Nous avions fait beaucoup de mal à l'ennemi, et nous n'avions perdu que deux hommes tués. Cinq seulement étaient blessés, au nombre desquels le capitaine Birs, des spahis.

On continua, les jours suivants, à dévaster le pays des tribus rebelles, à la vue des contingents privés de leur chef, et spectateurs immobiles de ces ravages. Bou-Maza s'était retiré chez les *Beni-Zerouals* pour tâcher de guérir sa blessure. On avait quelqu'espoir d'être débarrassé de cet agitateur, devenu un fléau pour son pays, surtout lorsqu'on apprit qu'il était soigné par un de nos trompettes déserteurs qui ne devait pas avoir fait de profondes études en médecine, et cependant il guérit.

Le 23 mars, la colonne d'Orléansville fut obligée d'y retourner pour se rendre, après s'être ravitaillée, dans l'Ouersenis y rejoindre celle du duc d'Aumale. Celle du lieutenant-colonel Canrobert rentra dans Ténez.

Le 30, elle sortit de nouveau pour se rendre dans le Dahra. Il fallait maintenir dans la soumission les tribus soumises, et châtier celles qui ne l'étaient pas et qui auraient pu faire soulever les autres. Il fallait se défier de toutes; car toutes n'attendaient que les occasions de nous faire éprouver leur mauvais vouloir.

CHAPITRE X

La femme Fatma et continuation des opérations de la colonne Canrobert.

Ainsi, le 8 avril, au milieu de la tranquillité apparente des tribus, on courut un grand danger par suite d'un complot dont on avait quelque soupçon, mais qui fut complétement dévoilé dans ses détails par la veuve Fatma, voici comment :

Le 7, la colonne était à Mazouna pour y prendre des vivres que le colonel de Saint-Arnaud, dans ce moment occupé dans l'Ouersenis contre El-Hadje-Seguir, y avait emmagasinés dans un esprit de prévoyance. Le lieutenant-colonel se préparait à porter son camp à *Saadoun.* Pour cela, il fallait passer près des *Ouled-Abdallah.* On avait organisé en smalah cette tribu comme toutes celles qui s'étaient rendues, afin que, faisant corps, elles pussent, dans l'occasion, opposer quelque résistance à Bou-Maza en attendant notre secours. Cette tribu nous était une des plus hostiles, elle aurait pu occasionner quelque désastre en nous attaquant traîtreusement à l'improviste. La colonne n'était que de neuf cents hommes : la smala était très-nombreuse, et Bou-Maza, quoique souffrant de sa blessure et le bras en écharpe, avait avec lui, non loin de là, une troupe considérable. Une trentaine de ses cavaliers avait paru sur le haut de l'*Oued-Oukelal*, sans que les *Ouled-Abdalah* nous en prévinssent, signe fâcheux qui devait fortement augmenter nos soupçons. Cependant il fallait partir.

Dans la nuit, comme tout dormait, à l'exception des gardes du camp, on vint éveiller le chef du bureau arabe, le capitaine Lapasset, pour lui dire qu'une femme arabe demandait avec instance à lui parler. Le capitaine dormait tout habillé, il fut donc bientôt prêt, et fit entrer cette femme, qu'il reconnut de suite : c'était *Fatma* des *Chebebias*.

Elle avait eu son mari, kaïd des *Chebebias*, assassiné dans sa tribu. Le capitaine Lapasset avait mis beaucoup de zèle à rechercher les assassins, et en avait déjà fait fusiller plusieurs : c'était son devoir de chef de bureau arabe ; mais la veuve était tout aussi reconnaissante que si l'on avait agi dans l'intérêt de sa vengeance. Elle le démontrait au capi-

taine en lui apportant dans les campements des
œufs, des poulets, différents objets qu'elle pensait
lui devoir être agréables, et qu'il ne refusait pas de
crainte de l'offenser. Il est très-probable que, dans
ces moments là, elle ne manquait pas de lui donner les renseignements qui étaient à sa connaissance.

Cette fois-ci elle l'avertit qu'un complot avait été
formé contre la colonne. Elle lui dit qu'un envoyé
de Bou-Maza était venu s'entendre avec les *Ouled-
Abdallah* auxquels il avait parlé publiquement;
que tous avaient applaudi à ses paroles; que quelques cavaliers avaient déjà paru pour leur donner
plus d'assurance, et que nous serions entourés
et attaqués au moment où nous y penserions le
moins.

Elle entra dans beaucoup d'autres détails.

En effet, on connaissait déjà quelques-unes des
circonstances dont elle parlait. De plus, on savait
que le kaïd, homme faible et trop peu dévoué pour
que son zèle pour nous lui donnât une énergie qu'il
n'avait pas naturellement, se laissait mener par
quelques hommes turbulents qu'il craignait, et qui
étaient très-dangereux pour nous.

Le capitaine alla trouver de suite le lieutenant-
colonel Canrobert, qui dormait, lui aussi, tout habillé, et lui fit part de ce qu'il venait d'apprendre.

Le lieutenant-colonel n'était pas homme à reculer. Il décida qu'on se mettrait en marche comme si de rien n'était, et convint avec le capitaine de ce qu'il fallait faire.

On partit dans l'ordre habituel, le capitaine en tête de la colonne comme chef du bureau arabe, entouré de ses Mokrazenis, auquels il donnait ses instructions chemin faisant, et suivi des deux canons de la colonne chargés à mitraille. On arrivait ainsi près *Ouled-Abdallah.*

Les principaux de la tribu vinrent au devant de nous pour nous féliciter à notre passage, comme d'usage. Pendant qu'ils remplissaient ce devoir, la troupe entourait la smalah sous prétexte de se masser. Quand tout fut prêt, à un signal convenu, le chef du bureau arabe mit le sabre à la main, et fit un commandement à ses Mokrazenis. Ceux-ci se jettent sur les individus désignés et les arrêtent. Le capitaine crie que personne n'ait à bouger, et montre les canons tout prêts à tirer, et les baïonnettes qui reluisent de tous côtés. Les individus saisis demandent pourquoi on les arrête. — Vous le saurez plus tard, dit le capitaine, et il les fait emmener.

Ils étaient au nombre de sept, tous coquins avérés. Il y avait *Aïssa-Ben-Tayeb*, qui avait tué notre kaïd des Médiounas; *Ya-Ya-Ben-Lekel*, qui avait assassiné un des soldats du capitaine, dont il avait encore le fusil dans sa tente; *Mohamed–Bed–Tahar*, le kodja et l'orateur du parti, etc.

On les envoya en France. On épargna le kaïd, qui n'était que faible.

Ce coup de main avait parfaitement réussi. On fit savoir par lettres, dans toutes les tribus, ces arrestations et le complot qui y avait donné lieu, afin de les rassurer pour elles-mêmes. Les *Ouled–Abdallah* en furent terrifiés, et en restèrent humbles et soumis.

La femme Fatma, qui nous avait avertis si à propos, est maintenant, et depuis longtemps, la femme de Bel-Karoubi, kaïd des Chebebias, homme énergique et fidèle. On dit que c'est une maitresse femme, apte à tout diriger; en un mot, l'Égérie de sa tribu (1).

Je ne veux pas aller plus loin dans mes récits sans raconter un fait qui vient à l'appui de ce que j'ai dit quelque part que les officiers du bureau arabe, outre les dangers qui leur sont communs avec les autres militaires, en ont à craindre de tout particuliers. Ce que je viens de raconter me le rappelle. Comme c'étaient eux qui avaient le plus de relations avec les Arabes, c'est à eux que s'adressaient principalement les ressentiments et les haines de ce peuple. Il semblait à ces hommes ignorants qu'ils étaient la cheville ouvrière, cause de leurs malheurs.

(1) Je viens d'apprendre que son mari a été remplacé dernièrement dans le commandement de la tribu.

Cette opinion, chez eux, m'a principalement frappé dans la lecture de la relation écrite par *Abd-el-Kader-Bel-Gobli*. Ce Bel-Gobli a été cependant un des kalifats de Bou-Maza, et était un homme lettré pour ses compatriotes. Il a écrit sa relation après avoir quitté Bou-Maza et s'être rendu aux Français. Il aurait dû prendre connaissance, dans ces diverses positions, des véritables rapports qui existent entre les diffrents chefs de l'armée française. Eh bien! lorsqu'il parle de la colonne du colonel de Saint-Arnaud, il la désigne souvent comme la colonne du capitaine Richard (chef du bureau arabe d'Orléansville), et il désigne celle du lieutenant-colonel Canrobert comme étant celle du capitaine Lapasset (chef du bureau arabe de Ténez). On connaît assez l'histoire du colonel de Saint-Arnaud, et celle du lieutenant-colonel Canrobert, devenus tous deux maréchaux de France aux applaudissements de l'armée, pour savoir que ces messieurs ne se tenaient pas derrière leurs subordonnés.

Mais ces relations directes des officiers des bureaux arabes avec les indigènes les mettaient plus en vue auprès de ceux-ci, et c'est sur eux qu'ils reportaient plutôt leur ressentiment.

Après cette digression, le fait à raconter le voici : c'était en janvier de l'année mil huit cent quarante-six dont nous rapportons en ce moment quelques événements. Le lieutenant-colonel Canrobert se trouvait dans le Dahra avec sa colonne, celle de Ténez. *Ahmed-Ben-Chaouche*, qui se trouvait alors chef des Mokrazenis du bureau arabe, arrêta au point du jour un Kabyle qui cherchait à entrer dans la tente du capitaine Lapasset. En le saisissant il sentit des armes sous son burnous. On le fouilla et on trouva sur lui deux pistolets et un poignard. On prévint de suite le capitaine qui fit mieux fouiller cet homme. On trouva dans l'épaisseur de la semelle de ses souliers arabes des missives de Bou-Maza adressées à différents kaïds. Le capitaine se rendit chez le commandant de la colonne qui fut bientôt sur pied aussi. Il était évident que cet individu, émissaire de Bou-Maza, avait cherché à assassiner le chef du bureau arabe, et il fut fusillé. Il devait l'être lors-même que son seul crime aurait été de servir d'espion et d'émissaire à l'ennemi.

La figure de cet homme était si remarquable par sa laideur que nombre d'années après, un individu qui lui ressemblait, ayant été présenté devant monsieur Lapasset, alors colonel, commandant la subdivision de Mostaganem, le colonel, en le voyant, lui dit : « Tu es de la famille d'un tel. » En effet, c'était son frère. Le kaïd de sa tribu voulait qu'on s'emparât de cet homme qu'il présentait comme un fauteur de désordres. Le colonel se contenta de lui faire sentir le danger auquel il s'exposait, et lui rappela le sort de son frère; mais que peuvent les bons avis sur certaines natures? Cet homme s'est avisé, en 1862, d'ameuter les Cheurfas contre leur kaïd. Le colonel en fut prévenu par le général qui commandait la subdivision d'Orléansville, et le fit arrêter dans les Médiounas dont il était originaire, puis l'envoya à Orléansville. Cet homme turbulent, moins malheureux que son frère, fut envoyé en France.

Après le complot du 8 avril, déjoué par les avis de Fatma, il ne se passa rien de remarquable jusqu'au 20. C'étaient des marches, des contre-marches, des razias. Le 20 seulement il y eut un engagement assez vif. Ce jour-là on avait atteint, à *Sidi-Jacoub*, trois ou quatre cents cavaliers arabes et un millier de Kabyles. Nous tiraillâmes avec eux assez longtemps sans résultat. Ils attaquaient assez vivement la hauteur de *Sidi-Kalifa* défendue par quatre compagnies. C'était la clef de la position. Le lieutenant-colonel, voyant leur acharnement sur ce point, fit placer en embuscade, derrière la hauteur, les chasseurs à cheval du capitaine d'Allonville et les Mokrazenis du capitaine Lapasset; ensuite il fit battre en retraite les quatre compagnies qui s'y trouvaient, comme si elles n'avaient pu résister au feu de l'ennemi. Les Arabes s'empressèrent d'occuper ce poste qu'on abandonnait. A l'instant ils furent chargés par la cavalerie cachée qu'ils n'avaient pu apercevoir, et culbutés avec une grande perte.

Fantassins et cavaliers, tous prirent la fuite.

Le 24 avril fut un jour encore plus remarquable.

Les ennemis s'étaient ralliés. Le lieutenant-colonel ayant avis que le colonel de Saint-Arnaud arrivait à Mazouna, pensa qu'avec son secours il pourrait les envelopper. Il fallait avertir le colonel. C'était difficile dans ce pays insurgé; car les partis ennemis interceptaient toutes les communications. Cependant un brave Mokrazenis se chargea de porter la missive au colonel, demandant pour récompense qu'on eût soin de sa vieille mère, s'il venait à succomber. Il ne succomba pas, et réussit dans sa mission. Le colonel de Saint-Arnaud, prévenu, se mit en mouvement, et parvint à placer l'ennemi entre sa colonne et celle du lieutenant-colonel. Les deux colonnes l'attaquèrent alors et lui firent éprouver de très-grandes pertes.

La plus avantageuse pour nous fut la prise de *Ben-Neka*, kalifat de Bou-Maza, et l'aga de sa cavalerie. C'était un homme d'un fanatisme incroyable. Il avait servi avec la même ardeur *Abd-el-Kader* et Bou-Maza sans avoir jamais eu aucune relation avec nous. Lorsqu'il fut pris à la suite du combat que nous venons de raconter, il était par terre, un bras

9

cassé, son cheval tué, se glissant vers un buisson pour s'y cacher.

On lui laissa la vie et on soigna son bras. La blessure prenait une mauvaise tournure; mais il s'obstina pendant plusieurs jours à refuser qu'on lui coupât le bras, quoiqu'il y allât de la vie et qu'il souffrit des douleurs atroces qu'il dissimulait avec la plus grande fermeté. Le médecin de l'armée qui le soignait, et qui causait avec lui par le moyen d'un interprète, me fit part à son tour à Ténez d'un singulier entretien qu'il avait eu avec lui.

L'aga avait d'abord été étonné qu'on lui eût laissé la vie si bénévolement, et avait été plus étonné encore des soins qu'on lui donnait. Il finit un jour par lui dire : « Je vous ai toujours détestés, vous autres Roumis. En vous combattant j'ai reçu dix-sept blessures et perdu une douzaine de chevaux tués sous moi. Je vous regardais comme des sauvages; mais vraiment! depuis que je suis entre vos mains, et que je vous connais mieux, je vous regarde comme presque aussi civilisés que nous. »

Ainsi donc ce demi-sauvage nous regardait comme presque aussi civilisés que lui, et nous étions depuis seize ans en Algérie! N'avait-il pu juger encore de la supériorité de nos arts et de nos instruments de guerre, s'il n'avait pu juger du reste? Si fait, probablement; mais il connaissait la vraie religion! et, en dehors de son peuple qui avait ce bonheur, tout le reste du genre humain ne devait pas avoir le sens commun.

J'ai vu peu de temps après à Orléansville ce *Bou-Neka* qui n'avait plus qu'un bras. C'est un homme de moyenne taille, bien constitué et à tournure énergique. Il avait l'air assez ennuyé. Il pouvait encore à cette époque être regardé comme un ôtage. Sa famille qu'il avait fait venir, vivait sous une tente en dehors des remparts de la ville. Il recevait alors des secours du gouvernement. Depuis, il est retourné dans sa tribu du Dahra, aux *Ouled-Máallah*. Il y était assez malheureux en 1861, lorsque le colonel Lapasset vint prendre le commandement de la sub-division de Mostaganem, et le tira de la misère.

Après la blessure grave de Bou-Maza, la prise de *Bou-Neka* et tant de défaites et de ravages qu'avaient essuyés les indigènes du cercle de Ténez et du Dahra, il ne pouvait plus guère être question que de se transporter de l'une à l'autre de ces tribus pour leur faire sentir le poids de notre présence, lever les impôts et faire quelques razias peu dangereuses pour nous sur les récalcitrants.

Une des plus fortes rencontres qui eut lieu après celle que nous venons de raconter, fut celle du 28 du même mois d'avril. De nombreuses populations s'étaient réfugiées sur le bord de la mer entre le pays des *Achachas* et celui des *Cheurfas*. Sur un ordre du colonel de Saint-Arnaud, le lieutenant-colonel Canrobert avec deux bataillons, et le chef de bataillon de Marguanat, du 53ᵉ de ligne, avec deux autres bataillons, sans sacs, accompagnés de la moitié de la cavalerie française et alliée, s'avancèrent, l'un dans la direction du nord, l'autre dans la direction de l'ouest, à travers ce pays difficile. On saisit un troupeau et on feignit de battre en retraite. Le lieutenant-colonel avait placé quelques troupes en embuscade. Les ennemis se mirent à poursuivre la colonne et ne tardèrent pas à tomber sous le sabre du capitaine Fleury et de ses spahis, ainsi que sous les balles du 5ᵉ bataillon des chasseurs d'Orléans.

Le 8 mai, on leur tue encore, par suite d'une embuscade, une vingtaine d'hommes. Le 10, on trouve dans les énormes rochers qui surplombent la plage des Achachas une autre réunion d'hommes armés. On les attaque : les uns sont tués en se défendant; d'autres se jettent à la nage, et, pour éviter les balles, s'avancent de plus en plus en mer, où ils rencontrent les courants qui les entraînent presque tous.

Le 25 mai, le lieutenant-colonel Canrobert rentrait de sa personne à Ténez, où il saluait le gouverneur général qui y arrivait après avoir pacifié toutes les montagnes de l'Ouersenis et du Tell. Toutes les tribus qui les habitaient étaient rentrées dans l'obéissance.

La colonne de Ténez n'avait plus à faire la guerre.

Le lieutenant-colonel Canrobert demanda et obtint un congé qu'il devait passer en France. On sent bien que si le lieutenant-colonel Canrobert avait demandé un congé, c'était parce qu'il n'y avait plus rien à faire dans le cercle ni dans la subdivision, pas même dans le Dahra. Aussi nous allons passer par-dessus une foule de mois insignifiants pour la guerre, pour arriver à la reddition de Bou-Maza, qui eut lieu en avril 1847.

CHAPITRE XI

Reddition de Bou-Maza et pacification de l'Algérie

Aigri par des défaites successives qu'il imputait aux siens, ce schérif commença à faire des extravagances, comme le dit dans son manuscrit *Bel-Golli*. Il fit mettre à mort *El-Hadje-Mohamed-Bou-Saha* des *Medjehers* avec cinq autres individus de la même tribu. Il voulut épouser la veuve de ce *Bou-Saha*. Il voulut faire tuer son kalifat, l'auteur de la relation que nous avons consultée, *Si-Abd-el-Kader-bel-Gobli*, sous prétexte d'intelligences secrètes avec les Français. Il voulut également faire tuer son kodja, *Si-Çadoq-el-Faressi*, qu'il croyait vouloir rejoindre Abd-el-Kader pour lui dénoncer sa singulière conduite. Ces deux individus, prévenus à temps, se sauvèrent et échappèrent ainsi à une mort certaine.

Bel-Gobli se rendit à Orléansville, et obtint l'aman du colonel de Saint-Arnaud. Il alla de là à Ténez se présenter au capitaine Lapasset qui lui fit donner tout ce qui lui était nécessaire, et qui l'entretint longuement des affaires du pays. « Il savait bien, dit-il dans sa relation, qu'il avait affaire à une nation grande et généreuse depuis Jésus-Christ. »

Bou-Maza avait continué ses extravagances, et avait fini par se trouver seul avec sa *selle*, dit Bel-Gobli. Voyant que tout l'abandonnait, il égorgea la femme qu'il aimait le mieux, divorça les autres et fut trouver Abd-el-Kader dans le Maroc. Au bout de quelque temps, il revint chez les *Beni-Maïda*, au sud de l'Oursenis, cherchant à exciter un nouveau soulèvement. Il y fut surpris par le capitaine Margueritte, chef du bureau arabe de *Tenied-el-Had*, qui lui tua onze cavaliers. Il se sauva de tribu en tribu, et arriva jusque chez les *Ouled-Jounès*, où il se présenta chez un de ses affidés, le kaïd lui-même, nommé *El-Haceni*. Peut-être avait-il encore l'intention de s'entendre avec lui pour un soulèvement nouveau! mais il s'y trouva en présence de quatre des Mokrazenis du colonel de Saint-Arnaud. Alors il prit résolument son parti, et leur dit de le conduire à Orléansville au colonel.

Ceux là lui obéirent, c'est le mot. Ils le conduisirent en tremblant sans oser le désarmer. Ce n'est qu'à son arrivée chez le colonel, le 13 avril 1847, et sur l'ordre de celui-ci, que Bou-Maza rendit ses armes. Ses deux pistolets étaient chargés de huit balles. Sur le reproche que fit le colonel aux Mokrazenis de ne pas l'avoir désarmé plus tôt, ils répendirent que s'ils l'avaient tenté, Bou-Maza aurait pu les tuer tous les quatre. Telle était la terreur que cet homme inspirait!

Je l'ai vu lorsqu'on l'amena à Ténez pour l'embarquer. Je m'étais rendu sur la route à la hauteur du vieux Ténez où je trouvai une quantité d'habitants de ce pays silencieusement assis. Bou-Maza parut enfin à cheval accompagné par le capitaine Fleury, des spahis, le capitaine Richard, le capitaine de Roman, officier d'ordonnance du colonel, et par l'escorte d'un escadron de chasseurs à cheval.

En passant devant les habitants de ce Ténez qu'il avait attaqué et qu'il n'avait pu prendre, il se tenait droit et fier sur son cheval, le menton et la bouche couverts du bord de son burnous, les yeux baissés, l'air grave. Je lui trouvai une figure d'inspiré, de prophète. C'était un beau jeune homme, il avait tout au plus vingt-cinq ans.

Un mois avant la reddition de Bou-Maza, nous avions perdu encore un kaïd de mort violente. Nous devons avouer qu'il ne fut pas beaucoup regretté. On doit se souvenir d'*Aïssa-Ben-Djin*, ou le fils du diable. Nous en avons déjà parlé; nous en parlerons aujourd'hui pour la dernière fois, finissant par la narration de sa mort très-digne de sa vie.

Elle eut lieu le 14 mars. On commençait à jouir de quelque tranquillité en Algérie. Bou-Maza se tenait encore caché, et ne devait pas tarder à se rendre après un nouvel échec et à être envoyé à Paris, où l'ancien Kramès, et plus tard fanatique agitateur, allait devenir un fasionnable et le lion du jour; Abd-el-Kader était dans le Maroc, d'où il devait sortir dans quelques mois pour aller comme prisonnier habiter le château d'Amboise; les Arabes et les Kabyles gardaient leurs troupeaux ou cultivaient leurs champs, soumis en grande partie, mais lançant des regards peu aimables sur les chrétiens qui étaient devenus leurs maîtres. Seul, *Aïssa-Ben-Djin* n'était pas fatigué de tant de combats, de tant d'agitations; il intriguait toujours.

Il était, qui le dirait! fort agréable de sa personne, très-gai et très-aimable. Une balle qui lui avait traversé la bouche de profil en lui cassant deux dents du côté droit et les deux dents correspondantes du côté gauche, n'avait point détruit la symétrie de sa figure qui était fort belle. Il était généreux de sa bourse autant que prodigue de sa vie; personne mieux que lui ne maniait un cheval, un fusil et la parole; et, quant aux expéditions hardies, on sait par ce qui précède ce dont il était capable. Il avait

9.

rendu de grands services à Bou-Maza, mais il est probable qu'ils étaient autant dans son propre intérêt. Lorsqu'il avait vu décliner la fortune de ce chef, il s'était prudemment tourné du côté des Français qui employèrent ses talents, et auxquels il rendit des services dans sa nouvelle position. On le fit kaïd d'une fraction des Sbéhas, cette grande tribu turbulente dans laquelle il était né, et il se trouva avoir pour chef l'aga *Mustapha-Bou-Meddin*

Le Fils du Diable pouvait-il vivre en bonne intelligence avec un chef? Il paraît que non. C'était lui qui avait fait attaquer et massacrer par Bou-Maza son ancien aga *Bel-Kassem*, dont il était un des chirqs ; c'était lui qui avait été chercher dans les flittas Bou-Maza fugitif pour faire tendre à *El-Hadji-Ahmed*, notre aga de l'Ouersenis, cette embuscade dans laquelle celui-ci avait succombé. Il était accusé par beaucoup de gens d'être un des cinq meurtriers de *Si-Mohamed-el-Frendi*, autre aga des Sbéhas, assassiné fin octobre 1845, au marché des Kremis. Le colonel de Saint-Arnaud était parvenu à mettre la main sur quatre des cinq, et à les faire exécuter, mais il ne parle pas du cinquième. On aurait dit que les agas surtout étaient les objets de son antipathie. Il avait maintenant affaire à Mustapha.

Il se brouilla avec lui, et ceux qui n'étaient pas en bons termes avec *Ben-Djin* n'avaient qu'à se bien tenir sur leurs gardes. On a vu qu'il ne se contentait pas de petites taquineries de voisin. Il se mit à intriguer dans la tribu, s'y forma un grand parti, et chercha les moyens de surprendre l'aga.

Celui-ci, quoique encore jeune (il n'avait guère plus de trente ans), avait montré en plusieurs circonstances qu'il était un homme avisé. Il n'avait accepté le commandement de la tribu, après l'assassinat de *Sidi-Mohamed-el-Frendi*, qu'à la condition qu'il aurait droit de vie et de mort dans son commandement. Il n'ignorait pas les intrigues de *Ben-Djin*, et connaissait parfaitement l'individu. Il fallait le tuer ou en être tué, dit le colonel de Saint-Arnaud.

Un beau jour il lui fit donner l'ordre de venir dans son *Bordje*, ou maison de commandement, sous un prétexte quelconque. Celui-ci arriva avec tous les cavaliers qui étaient attachés à sa personne en sa qualité de kaïd, peut-être dans l'intention de profiter d'une si belle occasion. Mais ses cavaliers, par suite de diverses manœuvres préparées d'avance, furent retenus en dehors et divisés. L'audacieux kaïd entra seul et se trouva en présence de l'aga qui commença par lui reprocher tout simplement de vouloir l'assassiner. Celui-ci, tout en s'excusant, se rapprochait de lui lorsqu'il tomba frappé d'un coup de poing sur la tête qui aurait assommé un bœuf, mais qui, grâce à ses épais chechias, ne fit que le

terrasser. Il se releva, sans doute encore un peu
étourdi, et se mit à dire qu'il fallait oublier le passé,
qu'il voulait être l'ami de l'aga. Il paraît que l'aga
se défiait de l'amitié de *Ben-Djin* ; car, sortant un
pistolet de dessous son burnous, il l'étendit par
terre, mort pour cette fois.

Aussitôt il envoya au commandant de la subdivision à Orléansville la nouvelle de ce qui venait de se
passer, en lui demandant des renforts. Il craignait un
soulèvement dans la tribu déjà agitée par les menées
de *Ben-Djin*. On lui envoya de la cavalerie, et la
tribu resta tranquille. On prétend même que Mustapha se trouva grandi aux yeux des Arabes par la
mort de cet homme déterminé qui inspirait de la
terreur à tous.

En *Ben-Djin*, l'administration perdit un de ses
kaïds ; mais, certes, elle ne fut pas très-fâchée d'être
privée d'un semblable administrateur.

Quant à l'aga Mustapha, j'ai eu l'honneur de dé-
jeuner avec lui en juin 1862, chez M. le colonel
d'état-major Lapasset, commandant la subdivision
de Mostaganem. Ils se connaissaient beaucoup, le
colonel ayant fait toute la guerre du Dahara comme
chef du bureau arabe de Ténez, et ayant été plus
tard chef du bureau arabe d'Orléansville.

Quand je vis de plus près l'aga Mustapha, je dus
l'apprécier mieux que je n'avais pu le faire dans la

subdivision d'Orléansville, où je l'avais vu passer
seulement quelquefois dans les rues. Je n'avais pu
juger que des belles proportions de sa haute taille;
mais quand je vis ses mains de plus près, je ne fus
plus étonné de la vigueur du coup de poing qui
avait renversé *Ben-Djin* lorsque celui-ci se glissait
vers lui comme une panthère. Je ne fus pas peu
flatté quand il me dit par l'intermédiaire du colonel
qu'il me reconnaissait. Ces hommes-là ont à un très-
haut degré la mémoire des physionomies. Il était officier de la légion d'honneur, et ses manières aisées
ainsi que son air grave n'auraient pas déparé un
grand cordon. Il était d'ailleurs d'une grande famille. Je dis *il était*, car je viens d'apprendre sa
mort arrivée dans le mois de décembre 1862. Il n'a-
vait pas plus de quarante-cinq ans. Il est mort dans
son lit, plus heureux en cela qu'aucun de ses prédé-
cesseurs.

Après la reddition de Bou-Maza, nous n'eûmes
plus aucun sujet de crainte dans le cercle de Ténez.
L'Algérie même était devenue assez tranquille par
suite de la retraite d'Abd-el Kader dans le Maroc, et
enfin de sa reddition dans le mois de décembre de
cette même année 1847. Il pouvait surgir encore de
la foule quelque imposteur se disant schérif, mais
sans avoir les moyens de devenir dangereux par leur
faible influence sur des populations ruinées, déci-

mées, désarmées. J'aurais pu écrire un bien plus
long récit que je ne l'ai fait sur cette guerre dont je
viens de raconter quelques événements. Je crois
qu'il conviendrait mieux dans la bouche de quelqu'un de ces militaires distingués qui y ont pris part,
et qui pourrait le rendre instructif pour les militaires et les administrateurs, beaucoup plus qu'il
n'est possible à un bourgeois comme moi.

Je me suis contenté de relater tout simplement les
faits qui m'ont paru offrir quelque intérêt. J'ai été
témoin d'un certain nombre ; pour les autres, ils
m'ont été racontés au moment où ils venaient de se
passer. Des officiers, des sous-officiers étaient abonnés à mon cabinet de lecture, et venaient renouveler
leur bagage de livres lorsqu'ils arrivaient à Ténez
pour se ravitailler avec la colonne dont ils faisaient
partie. J'en profitais pour causer avec eux. On pourrait remplir dix volumes de ce que j'avais appris
ainsi. J'ai consulté aussi les lettres de M. le colonel
de Saint-Arnaud imprimées (1), le journal manuscrit de M. le lieutenant-colonel de Canrobert, le
livre du capitaine Richard sur les causes de l'insurrection du Dahra (2), et même une relation faite
par un des kalifas de Bou-Maza, *Abd-El-Kadder-*

---

(1) *Lettres* du maréchal Saint-Arnaud. 2 vol. in-18, 6 fr.
(2) *Etude sur l'insurrection du Dahra*, par le commandant Charles
Richard. In-8°, 3 fr. 50.

Bel-Gobli, qui est encore plein de vie. J'ai eu aussi à ma disposition la correspondance entre les diffé-rents chefs de la subdivision d'Orléansville, conser-vée dans les archives militaires de Ténez. Mais, comme je l'ai déjà dit, je n'avais pas l'intention de faire une histoire complète; ç'aurait été une tâche beaucoup trop au-dessus de mes forces.

Je ne veux pas cependant terminer cette partie de mon petit ouvrage, dans laquelle il est principale-ment question de la guerre, sans y insérer ce que je crois une vérité dont mon long séjour en Afrique, et la vue de quelques-uns des officiers que j'y ai connus, m'ont convaincu; que c'est dans la carrière militaire qu'on trouve les hommes, je ne dirai pas les plus parfaits, la perfection n'est pas de ce monde, mais les plus complets.

C'est l'état qui exige le plus de facultés variées et qui contribue le plus à augmenter la puissance de celles que la nature nous a données. Il y faut réunir les qualités physiques aux qualités morales, et il n'est pas nécessaire d'être un grand physiologiste pour comprendre qu'elles se prêtent les unes les au-tres un mutuel appui, et doivent s'agrandir les unes des autres par l'exercice simultané.

Le savant qui approfondit la science à laquelle il se livre doit sans doute, outre beaucoup d'applica-tion et d'intelligence, avoir assez de force d'esprit pour résister à la fatigue d'un énorme travail, et pénétrer ainsi dans des secrets de la nature, dont le mystère semblait devoir être à toujours fermé pour nous.

Mais ce savant, livré sans cesse au même genre de travail qui absorbe toutes ses facultés, est souvent bien embarrassé en dehors de son occupation habituelle. Il en est de même de la plupart des professions. On peut être un grand peintre ou un grand sculpteur sans avoir une grande force de caractère, ou sans avoir le talent de diriger les autres hommes. Un avocat et un diplomate doivent sans doute exercer beaucoup leur intelligence, et s'appliquer énormément à l'art de la parole; mais Cicéron n'a jamais passé pour un homme intrépide, comme d'ailleurs le démontre le procès de Milon, et le grand orateur et politique, Démosthène, si énergique à la tribune aux harangues, s'enfuit dans le combat, ce qui ne pouvait pas donner beaucoup d'élan aux troupes athéniennes. On prétend même que, dans son trouble, se croyant atteint par un soldat ennemi, il présentait sa bourse à un buisson auquel son vêtement s'était accroché, le suppliant de lui laisser la vie.

Et les poètes, ces hommes animés d'un esprit divin! hélas! on sait qu'Horace jeta son bouclier dans la mêlée pour fuir plus vite, et qu'il n'en était nullement honteux. Au contraire, il vantait sa présence d'esprit, en disant qu'il pouvait acheter un autre bouclier, tandis qu'il n'aurait pu se procurer une autre vie.

L'humanité a eu des hommes distingués dans les arts et dans les sciences, de grands peintres, de grands orateurs, de grands savants. Chacun d'eux, renfermé dans sa spécialité, n'aurait guère pu en sortir sans être regardé sous tout autre rapport comme un homme fort ordinaire.

Dans la carrière des armes, on ne peut guère devenir un homme distingué sans réunir une foule de qualités morales et physiques. En ne parlant que de celles que nous devons principalement à la nature, la fermeté dans le danger, la patience dans les privations, l'amour de l'ordre, le respect pour la discipline, le sentiment de l'obéissance d'abord, puis le talent du commandement, et tant d'autres, ne sont-elles pas indispensables dans la carrière du soldat? sans elles peut-il parvenir aux grades élevés? et cependant elles sont loin de suffire.

Faisons ici une observation qui peut, jusqu'à un certain point, donner une idée du mérite que doivent avoir ceux qui s'élèvent dans la carrière militaire. Si un caporal est un homme choisi entre d'autres soldats pour devenir caporal, un sergent entre d'autres sergents pour devenir officier, ne faut-il pas qu'ils soient déjà supérieurs à un certain nombre d'hommes au milieu desquels on les a remarqués? et que ne sera-ce pas pour les grades élevés de l'armée? Nous ne sommes plus au temps où on les donnait à la naissance ou à la faveur.

Il ne faut pas qu'il suffise de savoir manier un sabre et de s'en servir avec intrépidité au milieu de l'ennemi pour être un militaire distingué, quoique celui qu'on appelle un sabreur, en supposant qu'il ne soit que sabreur, possède un talent qui n'est pas donné à tout le monde, même aux plus vaillants. Il n'est pas commun, même chez le guerrier, cet heureux don qui sait soulever les plus apathiques et les fait courir avec transport aux blessures et à la mort, ce don que possédaient les Murat, les Lannes, les Lasalle.

La connaissance parfaite de l'art militaire, proprement dit, demande une intelligence et une application non inférieures à celles qu'exige toute autre science. Elle est le partage, sans doute, de tous ceux qui sont parvenus à un grade élevé, mais ne suffit pas pour faire le général d'armée. Il y faut ajouter bien d'autres connaissances. Il est inutile d'ailleurs d'entrer dans ce détail. La réflexion seule nous convainc de ces vérités.

Sans doute, l'habitude de commander à des hommes armés, et l'autorité que doivent leur faire sentir les chefs, donne quelquefois à ceux-ci une écorce un peu rude et qui le paraît encore davantage si on les compare à la souplesse adroite du politique, ou à la faconde flatteuse de l'avocat; mais celui-ci ne paraît-il pas quelquefois un peu trop verbeux, et celui-là un peu trop prévenant, un peu trop obséquieux peut-être (1)?

Oui, c'est dans l'état militaire qu'on trouve les hommes les plus complets. Que peut-on opposer aux *Alexandre*, aux *César*, aux *Annibal*, et enfin, sans autre énumération, au plus complet de tous, à Napoléon, le premier des guerriers, et l'auteur de tant de grandes choses autres que celles de la guerre?

J'ai passé vingt ans de ma vie dans la même subdivision, depuis l'âge de quarante-huit ans jusqu'à aujourd'hui; j'y ai vu se succéder bien des militaires. J'étais sans doute à un âge où l'on peut juger des hommes. Quand je voyais des officiers qui alors n'étaient guère connus, se livrer avec la même ardeur aux travaux de la guerre et à d'autres travaux totalement étrangers à ceux-là; administrer avec talent des cercles et des subdivisions; s'occuper de tout; être à la fois juge, maire, notaire, et en remplir les

(1) Le savant n'est-il pas quelquefois déplacé dans le monde, tel que l'abbé Nicole qui complimentait une dame sur ses petits yeux et sa grande bouche, ou cet autre qui, présenté à une très-grande dame, la duchesse de Pompadour, presqu'une reine, lui faisait dire après l'entrevue, qu'un géomètre est un sot animal.

fonctions convenablement; car, qu'est-ce que nos lois? les règles du bon sens rédigées par articles; alors je devais penser que l'homme de jugement, l'homme actif, l'homme poussé par une ardeur intérieure, l'homme animé du feu sacré enfin, devenait apte à tout, et qu'on ne pouvait être un grand général, sans réunir une foule de talents.

Plusieurs de ceux qui nous ont administrés dans cette subdivision sont devenus célèbres. J'en connais d'autres qui le deviendront à leur tour. Nous aurons du temps à courir avant de manquer de généraux capables de commander nos armées.

Une autre réflexion m'est suggérée par la grande supériorité que nous avons toujours eue dans les combats sur les habitants de l'Algérie, Arabes ou Kabyles.

Certainement, cette supériorité n'a rien de bien étonnant si l'on compare la perfection de nos armes à l'insuffisance des leurs; si l'on pense à la grande connaissance de l'art de la guerre de nos officiers, et à l'admirable discipline de nos troupes, et cependant je doute que les autres puissances de l'Europe eussent aussi bien réussi quoiqu'elles aient à peu près ces mêmes avantages. J'ose dire, sans craindre d'être taxé de chauvinisme, que notre armée peut être regardée comme supérieure à quelqu'armée que ce soit.

Ce n'est pas seulement parce que vingt années d'une guerre difficile en Algérie ont contribué à aguerrir nos soldats, ce qui est cependant incontestable. Cette supériorité est due principalement à une autre cause dont personne ne peut nier l'évidence qui saute aux yeux.

Cette cause tient à l'organisation démocratique de notre armée.

Dans les armées des autres grandes puissances, leur organisation aristocratique présente une barrière infranchissable aux talents qui se trouvent dans les rangs inférieurs, et qui tendraient à s'élever. Combien de généraux français illustres seraient restés sergents en Angleterre, en Prusse, en Russie, ou en Autriche! Dans la société française il n'y a pas de classe, de caste, qui soit par elle-même privilégiée au détriment des autres. Le fils du simple cultivateur, forcé de partir comme soldat, peut s'élever au plus haut grade. C'est maintenant surtout que l'on peut dire que chaque soldat a son bâton de maréchal dans sa giberne. Quelle ardeur cette idée ne doit-elle pas leur inspirer ! sans doute, tout le monde ne peut pas espérer parvenir au maréchalat : mais combien n'y a-t-il pas de rangs intermédiaires propres à contenter de justes ambitions!

Les rangs de nos officiers inférieurs sont remplis d'anciens sous-officiers qui y sont parvenus par leur mérite militaire, et qui savent qu'ils peuvent monter plus haut encore. De là doit résulter une émulation que ne peuvent avoir les sous-officiers et soldats des autres armées.

Cette organisation démocratique nous donne un autre avantage bien grand. Les officiers ne peuvent pas regarder les soldats qu'ils dirigent dans les combats comme étant d'une race inférieure. Ils sortent pour la plupart de leurs rangs. Il en résulte une sorte de confraternité entr'eux. Avec la différence des rangs sous le rapport de la hiérarchie militaire nous avons l'égalité sur le champ de bataille. Il n'y a point de morgue d'une part, et il y a affection mutuelle.

FIN.

VERSAILLES — IMPRIMERIE CERF, RUE DU PLESSIS, 59.

LES KABYLES ET LA COLONISATION DE L'ALGÉRIE, par M. le baron *Henri Aucapitaine*. In-18.   2 fr. 50

L'ALGÉRIE. — Landscape africain. Promenades pittoresques et chroniques. Orné de six belles vues de l'Afrique française gravées sur acier. In-18. 3 fr. 50

HISTOIRE DE LA COLONISATION DE L'ALGÉRIE (1860).— (Les débuts. Les constructions urbaines. Les villages. La colonisation dans les provinces. Commencement du progrès. Les fermes. Les communes. Du cantonnement des Arabes. La colonisation des Arabes, etc.), par *L. de Baudicour*. 1 fort vol. in-8 de 584 pages.   7 fr.

LA COLONISATION DE L'ALGÉRIE. *Ses éléments* (1856).— Les ressources du sol. La salubrité du climat. Les colons. La population de l'Algérie. Les orphelinats. La transportation. La propriété. Les ouvriers et les capitalistes, etc. par *L. de Baudicour*. 1 fort vol. in-8 de 588 pages.   7 fr.

LA GUERRE ET LE GOUVERNEMENT DE L'ALGÉRIE (1863). —(Le territoire de l'Algérie. L'occupation française. Les indigènes. Le gouvernement d'Abd-el-Kader. Le gouvernement des Français. Les insurections. La paix en Algérie, etc.) Par *L. de Baudicour*. 1 vol. in-8 de 600 pages.   7 fr.

LES FRANÇAIS DANS LE DÉSERT, journal d'une expédition aux limites du Sahra, par *Ch. Trumelet*, capitaine-adjudant-major au 1er régiment des tirailleurs algériens. In-18.   3 fr. 50

———

Collection d'ouvrages pour l'étude de la langue arabe.

VERSAILLES. — IMPRIMERIE CERF, RUE DU PLESSIS, 59.

www.ingramcontent.com/pod-product-compliance
Lightning Source LLC
Chambersburg PA
CBHW060430090426
42733CB00011B/2223